河南省普通高校哲学社会科学创新型科研团队资助计划

2015年度河南省高校科技创新人才支持计划（人文社科类）

2014年度河南省高等教育教学改革研究项目（2014SJGLX274）

The Research on the Endogenous Barriers to Entry
in China's Electric Generation Industry
——Based on Excess Capacity

发电产业的

内生性进入壁垒研究

——基于过剩生产能力的视角

郭庆然　丁翠翠　李世新　著

人 民 出 版 社

组稿编辑：刘智宏
责任编辑：李椒元
装帧设计：徐　晖
责任校对：吕　飞

图书在版编目（CIP）数据

发电产业的内生性进入壁垒研究：基于过剩生产能力的视角／郭庆然，丁翠翠，
　李世新著.-北京：人民出版社，2015.6
ISBN 978 - 7 - 01 - 014805 - 2

Ⅰ.①发…　Ⅱ.①郭…②丁…③李…　Ⅲ.①电力市场-贸易壁垒-研究-
　中国　Ⅳ.①F426.61

中国版本图书馆 CIP 数据核字（2015）第 086711 号

发电产业的内生性进入壁垒研究
FADIAN CHANYE DE NEISHENGXING JINRU BILEI YANJIU
——基于过剩生产能力的视角

郭庆然　丁翠翠　李世新　著

人民出版社 出版发行
（100706　北京市东城区隆福寺街 99 号）

北京市文林印务有限公司印刷　新华书店经销

2015 年 6 月第 1 版　2015 年 6 月北京第 1 次印刷
开本：710 毫米×1000 毫米 1/16　印张：9.5
字数：160 千字　印数：0,001 - 3,000 册

ISBN 978 - 7 - 01 - 014805 - 2　定价：20.00 元

邮购地址 100706　北京市东城区隆福寺街 99 号
人民东方图书销售中心　电话（010）65250042　65289539

目　　录

前　言

　　中国电力产业在历史上是一个垂直一体化的垄断产业,自2002年电力体制改革方案出台以后,电力产业的市场结构发生了重大变化,发电环节被横向拆分并引入竞争机制,进而形成了一个新的市场——发电市场。在发电市场各类企业的竞争中,国有垄断企业处于领导者地位,众多的中小国有企业与新进入的民营及外资企业处于跟随者地位,并且在位发电企业面临着潜在进入者的竞争威胁。到目前为止,发电市场中各类企业竞争的结果是,国有垄断企业在全国装机容量中占有的比重迅速提高,而民营和外资企业等外部资本占有的比重逐年下降。发电市场利润率长期高于工业平均利润率,之所以没有发生新企业的大量涌入(这里主要指非国有资本),是因为政府实施了严格的行业进入规制政策;在发电市场放松进入规制以后,政策性的进入壁垒大幅降低,潜在竞争者必然会参与到发电市场的竞争中以求分得"一杯羹"为了维持其垄断地位以及获取长期的垄断利润,国有垄断企业具有较强的动机,采取策略性行为排斥其他竞争对手以及阻止潜在竞争者进入发电市场,这种策略性行为构成了发电市场的内生性进入壁垒。

　　自贝恩提出进入壁垒的概念以来,对市场进入壁垒问题的研究一直是产业经济学或产业组织理论的一个热点、重点和前沿研究领域,其主要学派的理论对相关国家反垄断政策的制定和司法实践产生了重要影响。进入壁垒之所以重要,是因为它与市场结构、市场行为与市场绩效问题紧密相关,某一产业的进入壁垒越高,则该产业的市场集中度越高,市场势力也就越强,价格越是偏离竞争性的均衡价格,市场上的资源配置效率也就越低。在结构主义学派看来,进入壁垒问题是SCP范式的核心和枢纽。因此,研究发电市场的进入壁垒问题对于提升发电市场效率的重要性堪比电力体制改革。然而,令人遗憾的是,除了少数文献从规模经济、行政垄断等角度研究进入壁垒以外,几乎没有人系统地研究过中国发电市场的进入壁垒问题,更没有人注意到放松进入规制后的垄断产业进入壁垒所具有的内生性问题。

本采用目前较为流行的规范分析与实证分析相结合的研究方法,以策略性行为为研究的切入点,运用博弈论方法构建了一个理论体系,分析了这一现象的形成机理,同时使用经济计量学的方法对内生性进入壁垒(过剩的装机容量)与潜在竞争者进入(新增加企业单位数)之间的关系进行了实证检验,结合内生性进入壁垒对发电市场的影响,最后提出了解决内生性进入壁垒问题的政策建议。具体来说,本的研究工作主要体现在以下几个方面:一是分析了中国发电市场内生性进入壁垒产生的现实背景,简要介绍了电力产业的技术经济特征、发电市场准入政策的变革以及中国发电市场的进入与退出状况,为理解外生性进入壁垒减弱背景下内生性进入壁垒的产生提供一个基础,让读者对本的研究对象有一个初步的把握;二是根据中国发电市场企业竞争关系的现实情况,构建了一个内生性进入壁垒形成机理的理论体系,系统地考察了新进入企业对在位企业利润的影响、在位企业中领导者企业与跟随者企业在面临潜在竞争威胁时的策略行为选择以及在位垄断企业阻止潜在竞争者进入的动态博弈关系;三是在中国发电市场统计数据的基础上,分析中国发电市场容量过剩的状况,确定了过剩装机容量的来源,然后利用经济计量模型,研究过剩的装机容量与新企业进入之间的关系,检验了过剩的装机容量阻止新企业进入的推理,最后通过对发电市场寡头企业规模效率的分析,排除了规模经济的可能性;四是内生性进入壁垒对中国发电市场的影响与政策建议,分析了内生性进入壁垒对中国发电市场的影响,如滋生市场势力、损害消费者福利等,并提出了减少发电市场内生性进入壁垒的政策建议,如反垄断政策、非对称规制等。

在理论与实证研究的基础之上,本主要得出了三点结论:一是过剩的装机容量事实上构成了目前中国发电市场的进入壁垒;二是中国发电市场上的过剩装机容量是寡头发电企业产能扩张的结果;三是中国发电市场高利润率、低进入率现象存在的原因,在于内生性进入壁垒的产生抵消了政府降低外生性进入壁垒的积极努力。

　　本书主要有以下几点创新之处：其一，为促进发电市场的竞争提供了一个新的研究视角；其二，构建了一个内生性进入壁垒形成机理的理论体系；其三，测度了过剩的装机容量并对过剩的装机容量与新企业进入之间的关系进行了实证研究。

　　本书选择了一个新的视角研究发电市场的进入壁垒，试图以此解释中国发电市场放松进入规制后仍然保持高利润率、低进入率的原因。由于本书只是尝试之作，难免存在一些不足之处。具体来说，主要有两点：一是没有考虑发电方式的结构性调整、经济周期性波动造成的短暂性的生产能力过剩、区域竞争重复建设导致的生产能力过剩以及政府宏观经济调控政策等原因形成的生产能力过剩；二是在使用计量分析工具时，样本数量略显单薄，一定程度上影响了多元回归结果的说服力。

　　由于作者水平和学识有限，书中难免有不当与错误之处，敬请各位专家、学者和广大读者对本书的内容和结构多提宝贵意见。

　　在本书的写作过程中，参阅和引用了多方面的研究资料，已在参考文献注明，有遗漏之处，敬请谅解并向有关作者表示衷心的谢意。

绪　论

第一节　研究背景与选题意义

一、研究背景

20 世纪 80 年代以前,中国电力市场总体规模相对偏小,1978 年全国电力总装机总量只有 5712 万千瓦,仅相当于 2010 年中国华能发电集团公司一家企业装机容量的一半左右;全社会一年的用电量仅 2566 亿千瓦时,仅相当于 2009 年五大发电集团中规模最小的中国电力投资集团公司一家企业的发电量。发电厂和输配电网都是国有国营,由政府投资建设并垂直一体化垄断经营。受到规模经济要求的影响,电力产业的市场准入受到政府的严格规制,实行高度集中的统一计划管理。随着电力市场规模的扩大和发电技术的进步,发电企业的规模经济性越来越不明显,市场准入规制反而成为阻碍电源建设的政策壁垒,阶段性的大面积缺电甚至影响到了整个工业生产能力的发挥。为了缓解长期的电力紧张局面、减少电源性缺电,政府开始放开市场准入,允许外资、民间资本进入发电市场,1982 年龙口电厂集资办电引入集体所有制成分,1985 年政府出台了吸引民营资本和国外资本进入的政策,同年中外合资建设了沙角 B 厂和大亚湾核电站,发电市场的政策性壁垒被拆除①。

2001 年 12 月 11 日,国家计委发出《关于促进和引导民间投资的若干意见》的通知,指出要"逐步放宽投资领域",除国家有特殊规定的以外,凡是鼓励和允许外商投资进入的领域,均鼓励和允许民间资本进入;在实行优惠政策

---

① 李世新、于左:《垄断产业放松进入规制后的博弈与效率分析——以中国发电市场为例》,《山西财经大学学报》2010 年第 6 期。

的投资领域,其优惠政策对民间资本同样适用;鼓励和引导民间资本以独资、合作、联营、参股、特许经营等方式参与经营性的基础设施和公益事业项目建设。2002年12月,建设部出台《关于加快市政公用行业市场化进程的意见》,提出加快推进市政公用行业市场化进程,引入竞争机制,建立政府特许经营制度,鼓励社会资金、外国资本采取独资、合资、合作等多种形式,参与市政公用设施的建设。2003年10月,十六届三中全会公告明确提出,"要大力发展和积极引导非公有制经济,允许非公有资本进入法律法规未禁入的基础设施、公用事业及其他行业"。2010年5月,中国国务院在其官方网站发布《国务院关于鼓励和引导民间投资健康发展的若干意见》,指出要"进一步鼓励和引导民间投资"、"推动各种所有制经济平等竞争、共同发展"、"对于可以实行市场化运作的基础设施、市政工程和其他公共服务领域,应鼓励和支持民间资本进入"①。

经过多年的电力体制改革,中国电力产业发电环节已经基本实现市场主体多元化。2002年底,中国电力产业结构重组拉开序幕,原国家电力总公司被横向和纵向拆分,其中发电业务被横向拆分为五家独立的发电集团公司,即中国华能集团公司(华能)、中国大唐集团公司(大唐)、中国国电集团公司(国电)、中国华电集团公司(华电)和中国电力投资集团公司(中电投)。自五大发电集团成立以来,各发电集团公司纷纷制定以大规模投资建设新电厂为核心的竞争战略,装机容量与发电量均经历了一个快速增长的过程。以华能集团为例,2003年底华能集团装机容量仅为3166万千瓦,2009年底华能集团装机容量增加到10438万千瓦,五年时间增长了3.3倍;发电量从1742.5亿千瓦时增加到4201亿千瓦时,增长了2.4倍。截至2009年底,中央直属的五大发电集团装机容量约占全国总装机容量的48.5%,同比高出3.6个百分点,比2003年底提高了12.2个百分点。与此同时,民营和外资发电企业占全国总装机容量的比重不断下降,2006年所占比重为6.21%,2007年下降到6.05%,2008年则快速下降到5.1%。尽管五大电力集团在短短几年内迅猛地扩张了企业规模,发电量也逐年飙涨,但企业利润却反常地呈现下跌趋势。近年来,

---

① 刘霞:《我国铁路行业外部资本进入壁垒研究》,复旦大学2007年博士学位论文。

电力企业经济效益虽然明显下降,资产负债率却逐年上升,尤其是五大发电集团更为明显。2009 年,五大发电集团销售利润率仅为 1.2%,远低于央企平均销售利润率6.3%的水平。在中央企业资产负债率最高的前 10 家工业企业中电力行业就占了 5 家,五大发电集团资产负债率却均超过了80%。与此同时,发电设备平均利用小时数连续三年下降,2005 年为 5425 小时,2006 年为 5200小时,2007 年为 5020 小时,2008 年下降到 4371 小时,发电设备利用率正逐年降低。正如中国国家能源局局长张国宝所说,"当前(2008 年)在建规模 1.83亿千瓦,其中 2007 年结转 1.75 亿千瓦,2008 年核准开工 4722 万千瓦,即使一个项目不批了,等在建项目干完,就是 9 亿千瓦。下一步起码核电要批,上大压小还要批,达到 10 亿千瓦指日可待,这样的发展速度是否合理,也是需要研究思考的。"中电投集团公司总经理陆启洲也曾表示,发电企业设备利用低于5000 小时,谈不上盈利。火电机组发电利用小时持续下降,实际上是大量固定资产闲置,发挥不了效益。

为什么在政府连续出台多项政策一再强调放开外部资本进入发电市场的限制,要"大力发展和积极引导"民营和外资投资于发电行业的情况下,外部资本的进入持续出现"不进反退"的反常现象?这种反常现象与五大发电集团突飞猛进的容量扩张行为存在什么样的关系?在政策性进入壁垒拆除以后究竟还存在着怎样的进入壁垒阻碍了外部资本的进入?这是该研究的基本背景。

二、选题意义

自贝恩提出进入壁垒的概念以来,对市场进入壁垒问题的研究一直是产业经济学或产业组织理论的一个热点、重点和前沿研究领域,其主要学派的理论对相关国家反垄断政策的制定和司法实践产生了重要影响。简单地说,市场的进入壁垒是指新的企业参与特定市场竞争所存在的困难或障碍。进入壁垒之所以重要,是因为它与市场结构、市场行为与市场绩效问题紧密相关,某一产业的进入壁垒越高,则该产业的市场集中度越高,市场势力也就越强,价格越是偏离竞争性的均衡价格,市场上的资源配置效率也就越低。进入壁垒是产业重要的结构性特征,影响产业的竞争程度和绩效。在结构主义学派看来,进入壁垒问题是 SCP 范式的核心和枢纽。

进入壁垒的形成原因有很多方面,首先政府准入规制是导致进入壁垒形成的一个主要原因。出于规模经济、网络经济和范围经济等自然垄断属性、知识产权保护以及国家安全等方面的考虑,政府往往颁布一些法令法规阻止潜在竞争者进入市场,形成的强制性法律和政策壁垒是一种最简单有效的进入壁垒。除了政府规制形成的政策性进入壁垒以外,理论研究表明,还存在着其他两种类型的进入壁垒,即结构性进入壁垒和策略性进入壁垒。结构性进入壁垒,或称为经济性进入壁垒,是指由于产业本身的基本特征,包括技术、成本、消费者偏好、规模经济和市场容量等因素形成的进入障碍;策略性进入壁垒,或称为内生性进入壁垒,是指在位企业人为地、策略性地提高潜在竞争对手进入的结构性壁垒,阻止新的企业进入市场参与竞争而形成的进入壁垒。区分进入壁垒的类型,有益于提高政府制定政策的针对性。

研究发电市场的进入壁垒问题对电力产业的市场化改革意义重大。美国能源部顾问、独立电力生产商 S.Stoft 指出,不合理的市场结构是电力市场的最大威胁。电力产业的市场化改革与结构重组,使得市场机制在不远的未来将取代服务成本规制成为竞争性电力批发市场的价格形成机制。在竞争性发电市场上,装机容量与发电量市场份额越大的发电公司,其抑制产出、提升价格的动机越强,如果感受不到来自潜在进入者的竞争威胁,那么这种动机就会转化为市场势力的滥用。进入壁垒的高低影响到来自潜在进入者竞争威胁的大小,在进入壁垒较低的市场上,在位垄断企业提高价格的企图会受到潜在竞争者的制约;反之,在进入壁垒较高的市场上,感受不到进入威胁的在位垄断企业既有动力也有能力提高产品价格、降低服务质量以及实施其他滥用市场势力的行为。因此,研究发电市场的进入壁垒对电力产业市场化改革的成败具有十分重要的现实意义。

研究进入壁垒的内生性问题对于理解和解决政府政策失败十分有益。政府放松进入规制甚至鼓励市场进入的政策,只是降低了外生性的市场进入门槛,却不能降低市场内部在位垄断企业通过策略性行为形成的内生性进入壁垒,这是政策失败的根源。为了维护其垄断地位和保持获得垄断利润,放松进入规制后的产业中的在位企业便会千方百计地阻止新的企业进入,如通过限制性定价、掠夺性定价以及设置过剩生产能力等途径。就目前而言,中国政府相关部门一直强调发电环节市场化改革的方向不变改变,却在如何解决"放虎归山"后的"管理"问题上犹豫不决。如果发电市场主体自由竞争,势必要求理顺电价形成机制,这就需要反垄断政策的介入,而在此问题上一直存在较大的争议,但是没有反垄断政策的市场竞争必然会导致市场势力的滥用,尤其是进入壁垒较高的市场。该著作的理论研究对政府政策的正确制定有一定的帮助。

第二节　研究思路

该著作的研究始于发电市场上一组市场主体装机容量比例关系的数据变化引发的思考,以发电市场的进入壁垒为研究视角,侧重于对进入壁垒内生性形成机理的研究,通过对发电市场放松规制以后企业策略性行为的模型分析以及来自于中国发电市场数据的实证分析,最终得出该研究的主要结论并给出相应的政策建议。该著作的研究思路如图 0-1 所示:

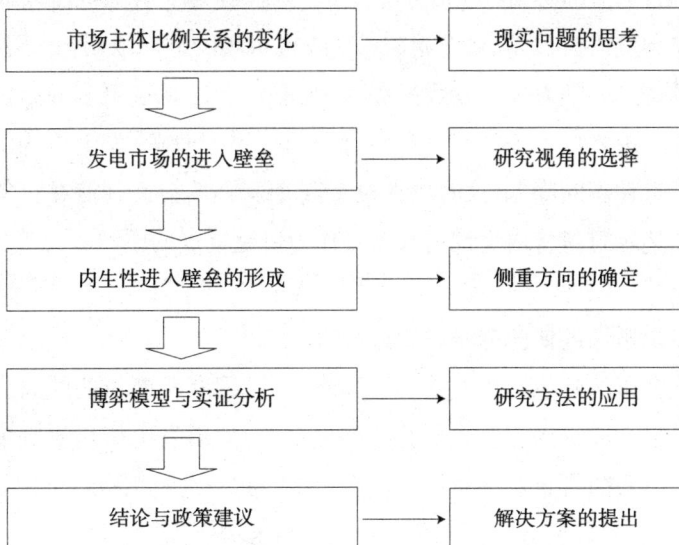

市场主体比例关系的变化	→	现实问题的思考
发电市场的进入壁垒	→	研究视角的选择
内生性进入壁垒的形成	→	侧重方向的确定
博弈模型与实证分析	→	研究方法的应用
结论与政策建议	→	解决方案的提出

图 0-1　研究思路示意图

一、发电业务特征及市场化改革的分析

该研究的前提在于对电力产业发电环节的技术经济特征以及国内外市场化改革的分析,这是该著作研究的出发点,也是确定研究侧重点的依据。通过对电力产业发电业务技术经济特征的分析,可以基本判断发电技术、规模经济等传统上研究较多的外生性进入壁垒在发电市场进入中的地位已经显著下降,进而确定把发电市场进入相关研究文献中较为鲜见的企业策略性行业构成的内生性进入壁垒作为主要研究方向。从不同市场主体装机容量此消彼长的数据变化中也可以看出,放松进入规制以后的发电市场中的内生性进入壁垒已经不再像过去那样只是可有可无的角色,而是逐渐成为影响新的企业进入的重要因素。

电力产业在传统的经济学理论中被认为是一个典型的自然垄断产业,各环节垂直一体化经营,在中国市场准入受到严格限制,非公有资本长期被排斥在电力市场之外。在发电技术与市场容量发生巨变的环境下,世界上许多国家,既有英、美等发达国家,也有智利、阿根廷等一些发展中国家,早已迈出了电力产业市场化改革的步伐,以期利用发电市场的竞争效应来达到提高发电市场效率的目的。20世纪80年代中期,中国政府为了解决经济发展中越来越突出的电力供需失衡矛盾,开始放松对发电市场的进入限制,允许民营资本和国外资本进入。随着改革开放的深入,政府逐步出台了更多的鼓励甚至是促进外部资本进入可竞争的国有垄断行业的一系列政策,发电市场的政策性进入壁垒一直在不断降低,这时的在位垄断企业必然会面临潜在竞争对手的挑战。这是笔者思考将内生性进入壁垒作为研究重点的原因。

二、发电市场的博弈分析与实证检验

由于发电市场政策性进入壁垒的不断降低,国有垄断行业的高利润率必然会吸引新的企业进入。电力产业的结构重组,使得发电市场形成多个领导者企业和多个跟随者企业共存的市场多元化的寡头垄断型市场结构。在以往的文献中,经济学理论对发电市场企业竞争行为的研究以古诺模型、伯川德模型以及斯塔克伯格模型为主。古诺模型仅考虑了寡头企业的存在,而完全忽略了跟随者企业的反应;伯川德模型以价格竞争为研究对象,在电价受到严格

规制的市场中显得有些不太合适;斯塔克伯格模型既考虑到了领导者企业的行为,也考虑到了跟随者企业的反应,却只有一个领导者企业和一个跟随者企业,与现实经济中的情形不相符合。由此,一个研究思路就是结合古诺模型和斯塔克伯格模型的优点,在传统的斯塔克伯格模型的基础上进行扩展,考察多个领导者企业和多个跟随者企业之间的博弈过程。在此基础之上,研究新的企业进入对领导者企业和跟随者企业利润的影响以及领导者企业和跟随者在阻止进入时两者之间的行为关系。当领导者企业承担阻止进入的责任时,领导者企业与潜在竞争者之间的博弈接着展开,领导者企业是否会故意设置过剩的装机容量以阻止潜在竞争者进入市场。

从理论上论证了过剩装机容量形成内生性进入壁垒的机理以后,接着很自然地考虑需要从现实的发电市场中寻找一定的数据支撑。若要证明内生性进入壁垒的存在,必然要先考察发电市场的规模经济状况。如果发电市场仍然存在较为明显的规模经济特征,则在位发电寡头企业迅猛扩大装机容量的行为是符合经济效率的,故意设置过剩的装机容量排斥竞争的论点就很难站得住脚。如果发电市场的企业规模已经远远超出了最优规模的要求,甚至在已经出现规模不经济的情况下仍然在加速扩大装机容量规模,则这种行为必然会阻止新的企业进入市场,形成内生性进入壁垒。从各市场主体新增装机容量所占比重的数据中可以看出,内生性进入壁垒确实是存在于发电市场中的。

三、政策建议方面的分析

内生性进入壁垒是垄断产业市场化改革过程中放松进入规制后的伴生现象。在提出解决内生性进入壁垒问题的方案之前,首先要思考一下内生性进入壁垒的影响。内生性进入壁垒的影响在于,它不仅阻止了新的企业进入市场,而且阻止了垄断产业市场化改革的进程。根据国外电力市场化改革的经验,如果发电市场进入价格市场化阶段,则内生性进入壁垒形成的市场势力会推高电力价格,造成发电企业市场势力的滥用,损害消费者福利,降低其他行业企业的国际竞争力。电力价格的大幅向上波动必然动摇发电市场化改革的公众基础,给电力体制改革增加巨大的阻力,甚至可能使电力体制改革走向失败。解决该问题的一个思路是,能否借鉴国外发达国家的经验,限制内生性进入壁垒的形成,防止发电市场垄断企业市场势力的滥用?

第三节　研究方法与数据来源

一、研究方法

研究的内容决定了研究采用的方法。该研究特别注重经济学基本理论与实践相结合。在运用经济学理论方面,以马克思主义经济学为指导,综合运用了西方经济学、产业经济学、发展经济学以及计量经济学理论对中国发电市场的内生性进入壁垒进行分析和诠释。该研究主要采用目前较为流行的规范分析与实证分析相结合的研究方法,既有使用规范研究方法的部分,也有实证分析的内容,二者是相互支持、相辅相成的关系。

(一)规范分析方法

该研究的政策建议部分侧重于规范分析。在博弈论分析与对中国发电市场进入壁垒实证分析的基础之上,该研究在最后回答了"应该怎样"的问题。既然发电市场的内生性进入壁垒是阻止新的企业进入的主要障碍,那么政府就应该在积极实施降低外生性进入壁垒的政策之外,采取一定措施降低发电市场的内生性进入壁垒,如反垄断政策对发电市场的适用以及降低发电市场的市场集中度。

(二)统计分析方法

该研究在大量进行经济数据对比的基础上,利用统计学中常用的分析方法,如逐步回归分析、方差分析、离散系数分析等。通过先进的统计软件 STATA、EVIEWS、EXCEL 等对经济数据进行数理分析,并借助图表、函数,甚至构建模型,更加直观、科学地反映论文的观点,使研究结论的判断更加鲜明,与历史资料相互印证,增加研究的可信度,也使文章更具说服力。

(三)计量经济方法

基于产业组织学属于应用经济学范畴的原因,实证分析方法在该领域的研究过程中几乎必不可少。第五章的实证分析部分是该研究的核心内容之一。产业组织领域早期的经济学者已经开始运用行业数据进行一些基本的计量与统计分析,而新实证产业组织理论(New Empirical Industrial Organization,NEIO)的出现,使得经济计量工具的应用更加普遍和流行。另外,随着实证分析方法的丰富,数据包络分析法,或称为 DEA(Data Envelopment Analysis)方法,一种非参数经济计量方法,越来越多地成为产业组织领域进行市场绩效或规模经济状况研究的主要方法,而该研究的实证分析即结合了 DEA 这一新的研究方法。目前,中国发电市场的数据严重缺乏,而 DEA 方法的优点恰恰在于对数据序列长度的要求不高,从而弥补了该研究中遇到的数据缺陷。

(四) 博弈论分析方法

20 世纪 70 年代以来,博弈论逐渐成为产业组织学的主要研究方法,并由此形成了以企业策略性行为为研究对象的新产业组织理论学派。在电力产业的研究中,博弈论方法的应用十分广泛。这是由电力产业市场结构的特点所决定的。到目前为止的相关文献中,侧重于以价格策略为研究对象的博弈论的应用最为普遍,如对竞争性电力市场上发电企业报价行为的博弈分析。在该著作的研究中,主要以生产能力的非价格博弈为研究对象,对发电市场中的企业行为进行模拟,这是因为中国对发电市场严格的价格规制促使在位发电企业采用生产能力这样一种更加隐蔽的竞争策略。该研究借助于多领导者—多跟随者企业的扩展型斯塔克伯格模型、阻止潜在进入的静态博弈与在位企业和潜在进入者间的动态产能博弈逐步展开和推理,分析了发电市场上内生性进入壁垒的形成机理。

二、数据来源

到目前为止,我国电力产业还没有一个完整的数据库,很多数据即使从《中国电力年鉴》、《中国电力行业年度报告》等资料中也无法获得。该研究中的数据均来自于作者的搜寻和积累,其中主要的数据来源有以下几个途径:

(一) 电力与统计年鉴

该研究写作中所使用的数据的一个主要来源是历年的《中国电力年鉴》(1993—2009)和《中国统计年鉴》,《中国电力年鉴》中的数据往往残缺不全,因此还需要从其他途径寻找相关数据。

（二）相关网站

在该研究第五章的实证分析中,有关我国装机容量和发电量以及机组利用小时数的数据,在《中国电力年鉴》中没有的情况下,笔者只能从相关网站中寻找。该研究在对发电市场集中度以及规模经济状况进行分析时,查询了中国电力企业联合会网站、五大发电集团公司网站、国家电力信息网、国家发展与改革委员会网站等。此外,还有部分数据来自于国家电网公司网站、国家电监会网站、Google 搜索等。

（三）数据库

该研究使用的数据部分来自于中经网数据库、高校财经数据库、国泰安数据库和 EPS 数据库等。

（四）调研报告

该研究使用的部分数据来源于国家有关部委、专业调研机构以及证券公司公开出售的调研报告,如《中国电力行业年度报告》、《电价执行情况监管报告》、《中国火电行业分析报告》、《中国五大发电集团经营业绩数据及分析报告》、《中国核电行业风险分析报告》、《水电行业深度报告》、《电力行业投资策略报告》、《发改委电力行业报告》、《中国电力生产行业研究报告》、《电力行业分析报告》、《中国电力工业统计年度报告》、《证券公司行业研究报告》等等。

（五）实地调研获取的第一手资料

2009 年 7 月份,笔者走访了山西省大同市五大发电集团中的某一大型发电公司,其间获取了大量的第一手资料。

第四节　研究框架、主要结论与创新点

一、研究框架

全文共由八部分组成,具体安排如下:

绪论。在绪论部分首先说明了该研究的研究背景与选题意义,其次介绍了该研究的研究思路、研究方法与数据来源,最后给出了该研究的研究框架、主要研究结论与研究创新等。

　　第一章介绍发电市场内生性进入壁垒产生的现实背景。在文献综述之前,该研究首先简明扼要地介绍了发电市场的技术经济特征以及电力市场化改革的背景,为正确理解发电市场外生性进入壁垒减弱背景下内生性进入壁垒的产生提供一个研究基础,让读者对该研究的研究对象有一个初步的把握。该章分为四节,第一节和第二节分别介绍了发电市场的技术特征与经济特征。通过前两节的介绍可以知道,发电市场的规模经济性主要体现在三个层面上,即机组层面、电厂层面和企业层面,不同层面的规模经济略有不同。发电可划分为火力发电、水力发电、核电以及新能源发电等不同类型,由于发电设备投入和能源获取难易程度的不同,尽管最终产品完全相同,不同类型的发电厂在发电成本方面仍存在较大的差异。电力产品的供给与需求必须实时保持平衡是发电市场的一个主要技术特征,电力不可存储的特征在竞争性市场条件下必然造成价格的大幅度波动,尤其是电力出现短缺时,市场出清价格可以高到难以想象的水平。电力需求价格弹性几乎为零,地理市场十分特殊,这使得电力产业中的垄断问题变得十分隐蔽不易观察。由于输电能力有限,地理市场受输电阻塞的影响较大。第三节介绍了发电市场准入政策的变革。自电力产业诞生以来,发电、输电、配电和售电垂直一体化模式应用了一百多年。1990年,英国率先开始了电力产业市场化改革,将发电、输电和售电业务纵向分解,不同环节由不同业务类型的电力厂商专业经营;对原国有发电企业进行横向拆分和私有化,同时降低市场准入限制。随后,美国、智利、阿根廷、挪威、丹麦、澳大利亚、新西兰等国家都进行了类似的电力产业市场结构重组,力图在发电市场中引入竞争机制从而刺激市场效率的提高。中国自 1985 年开始,放开了非国有资本进入发电市场的禁令。2002 年底,中国拉开了电力产业市场化改革的大幕,发电业务被独立出来并横向拆分原国家电力公司,初步形成市场主体多元化的竞争格局。第四节介绍了中国发电市场放松进入规制以后潜在竞争者的进入与外部资本的退出。

　　第二章为发电产业内生性进入壁垒的文献介评,即该研究的理论基础。该章分为两节:第一节是关于市场进入壁垒理论的文献综述,系统地介绍了贝恩、斯蒂格勒、冯·维茨塞克和泰勒尔等经济学者对进入壁垒的研究成果。具体地,可以将这些学者们的研究成果划分为三个学派的理论:结构主义学派的进入壁垒理论,行为主义学派的进入壁垒理论和新产业组织学派的进入壁垒理论。在新产业组织学派的进入壁垒理论中,重点介绍了过剩生产能力阻止潜在竞争者进入的理论,本节的最后是对进入壁垒理论相关文献的评价。第二节是电力市场竞争与规制的文献综述,其中包括电力市场结构重组、电力市场产权改革、发电市场中的市场势力问题和电力市场的规制与监管四个方面的已有研究成果。

第三章是发电市场进入壁垒的传统理论与测度方法,研究了影响发电市场进入的、传统的经济性进入壁垒、规制许可形成的进入壁垒以及构成进入壁垒的各种类型的不确定性等。该章分为两节:第一节介绍了发电市场进入壁垒的传统理论。一是经济性进入壁垒,包括强规模经济性、巨额的资本金需求、较长建设周期以及在位企业的某种绝对成本优势形成的进入壁垒;二是政府规制形成的进入壁垒,获得规制许可相关的成本和拖延会增加进入的成本和建设周期,此外,一些地方规制机构对在其境内新建电厂显示出大不相同的兴趣,那些环境保护意识较强的地方政府不太愿意接受新的发电企业进入当地的发电市场;三是需求和成本不确定性构成的进入壁垒,由于建设周期长,新的发电项目往往负担着大量的需求和成本不确定性,核电机组具有非常长的生命周期,燃煤机组也具有相似的市场风险,燃气机组具有相对较短的生命周期和较低的资本成本,但燃料成本相对较高,水电和风电项目的风险来自于对有利的气象条件的依赖,这些因素都会增加投资收益的不确定性,形成发电市场的进入壁垒;四是来自于其他的不确定性形成的进入壁垒,这些不确定性可归类为规制政策不确定性、环境政策不确定性、供应商违约的不确定性和输电能力的不确定性四种类型;五是电力合约缺陷形成的进入壁垒。第二节介绍了发电市场进入壁垒的测度方法,即直接测度发电市场进入壁垒的方法和间接测度发电市场进入壁垒的方法。

第四章的内容是通过理论模型解释了发电市场内生性进入壁垒的形成机理。该章首先研究了多领导者企业与多跟随者企业的斯塔克伯格模型,求得非对称成本条件下的一般斯塔克伯格——纳什——古诺(GSNC)均衡及新的进入对在位企业利润的影响。进一步地,通过领导者企业与跟随者企业阻止新的企业进入市场的静态博弈,得到领导者企业承担阻止新企业进入的“责任"、跟随者企业选择等待"搭便车"的均衡策略组合;在此基础上引入领导者企业与潜在进入者间的动态产能博弈模型,解释了在位垄断企业利用策略性行为阻止新的企业进入市场的内生性进入壁垒的形成机理。该章由四节内容组成:第一节是寡头发电企业间产量博弈的"古诺悖论",介绍成本不对称条件下的古诺模型;第二节是多领导者企业斯塔克伯格模型的 GSNC 均衡分析,建立了一个符合现实经济状况的多领导者企业和多跟随者企业的斯塔克伯格模型并分析了新的企业进入对在位企业利润的影响;第三节是领导者与跟随者企业阻止潜在竞争者进入市场的静态博弈,分析了领导者企业和跟随者企业在阻止新的竞争对手进入时的市场行为;第四节是领导者企业与潜在进入企业之间的动态产能博弈,得出了在位垄断企业为阻止新的企业进入设置过剩装机容量的内生性进入壁垒的存在。

第五章内容是对中国发电市场内生性进入壁垒的实证研究。该章共分四节:第一节是中国发电市场容量过剩的状况。通过比较 GDP 增长率、电力消费量增长率、总装机容量增长率、五大发电集团装机容量增长率,分析中国发电市场新增装机容量的结构组成以及五大发电集团的容余量与容余率,用统计数据说明了中国发电市场上过剩装机容量的来源;第二节是对过剩装机容量阻碍进入的计量分析,测度了过剩的装机容量,并使用经济计量工具分析了中国发电市场过剩的装机容量与新企业进入之间的数量关系;第三节首先介绍了中国发电市场规模经济的现状,构建出规模报酬指数来考察大型发电寡头企业集团生产过程中的规模报酬情况,然后基于 DEA 方法,选取中国发电市场上最大的五家集团公司作为决策单元,采用 BCC 模型,通过对各公司的数据包络拟合来判断各大发电集团的发展是否达到了规模与技术效率;最后一节是对该部分的研究作一个总结。

第六章是内生性进入壁垒对中国发电市场的影响与政策建议。该部分由两节组成:第一节分析了内生性进入壁垒对中国发电市场的影响,具体来说,发电市场的内生性进入壁垒会导致资源浪费并引发金融风险,使得发电市场的集中度不断提高,滋生市场势力,损害消费者福利,导致发电企业规模不经济,不利于提高行业效率。第二节提出了减少发电市场内生性进入壁垒的政策建议,如通过对中国发电市场的结构性、区域性调整来解决容量过剩阻止新企业进入的问题;充分发挥反垄断政策在处理内生性进入壁垒中的作用;实施非对称的规制政策,培育新的市场竞争主体;尽快制定并颁布新的《电力法》,破除电力体制改革的阻力等。

第七章是全文的总结与研究展望。该部分归纳了全文的研究结论,并指出了该研究的不足之处以及有待未来进一步深入研究的问题。

二、主要结论

到目前为止,以电力产业为研究对象的国内外经济学家为数众多、相关文献丰富,但是从产业组织学的角度研究发电市场的经济学文献数量不多。该研究是一篇从过剩装机容量的研究视角来分析发电市场内生性进入壁垒的尝试之作,以放松进入规制后发电市场上不同所有制主体间装机容量所占比重的变化为切入点,在借鉴国内外相关文献的基础上,对我国发电市场进入壁垒的实际情况进行大胆假设和小心推理求证,得到了以下几点主要结论:

第一,放松进入规制后,内生性进入壁垒的产生是必然的。在放松进入规制前,政策性进入壁垒阻止了新的企业进入,即使所在行业具有非常高的利润率,在位垄断企业也不会面临潜在竞争者进入的威胁,因此不会采取措施来防止新企业的进入。放松进入规制以后,潜在竞争者的进入会导致市场供给增加,价格下跌,成为威胁在位垄断利润水平的重要因素,因此,在位垄断企业具有较强的动机,采取一定的策略性行为阻止潜在竞争者的进入。在这些实行市场化改革的传统垄断行业中,政策性的进入壁垒将逐渐被内生性的进入壁垒所取代。

第二,发电市场的规模经济性主要体现在三个层面上,即机组层面、电厂层面和企业层面。一般来说,机组规模越大则效率越高。随着发电技术的发展,一些小型机组的发电成本已大大降低,小型发电机的发电效率可以与大型发电机组的发电效率相媲美,这就极大地减弱了发电领域的规模经济性。从电厂层面来看,机组规模经济的减弱和政府的环境规制要求使得大型电厂的发电成本大幅增加,从而其规模经济特征有所减弱。从企业层面来看,规模经济更加不明显。规模经济在阻止新的企业进入发电市场中的壁垒作用越来越小。

第三,具有市场支配能力的发电厂商采取大举囤积装机容量的策略,至少可以达到两个目的:一是阻止新的企业进入;二是在需求旺盛时可以迅速提高产量,增加利润,占领新增市场空间。该研究认为,在发电市场放松进入规制以后,寡头发电企业的策略性行为阻止了新的企业进入,而在发电市场逐步放松价格规制以后,内生性进入壁垒会增强寡头发电企业的市场势力。

第四,生产能力过剩是由于寡头垄断企业的策略性行为造成的,而不是由于中小企业的正常投资行为造成的。因此,治理产能过剩问题需要从寡头垄断企业下手,约束寡头垄断企业的规模扩张,鼓励中小企业的发展。电力短缺与容量过剩并不矛盾,容量过剩解决不了中国式的电力短缺问题,反而会增强垄断企业的市场势力,装机容量集中在少数企业手中只会使电力短缺现象更加恶化。

第五,根据发达国家的经验,解决内生性进入壁垒问题,可以借助于反垄断政策。在位垄断企业阻止潜在竞争者进入市场是一种垄断行为,反垄断法应该禁止。然而,由于内生性进入壁垒往往比较隐蔽,仅仅依靠反垄断政策是远远不够的,还需要政府的规制与监督。因此,解决发电市场的内生性进入壁垒,需要反垄断政策与规制政策的分工与协调。

三、创新点

该研究在国内外相关历史文献的基础上,依据新产业组织理论中不完全竞争市场的基本原理与方法,深入研究了发电市场上企业间的各种博弈关系,逐步推理出内生性进入壁垒的形成过程并进行了实证,最后提出了自己对解决内生性进入壁垒的见解。总的来说,同以往的文献相比较,该研究有以下几点创新之处:

第一,构建了一个内生性进入壁垒形成机理的理论体系。在发电市场中,不仅存在着几家大型的寡头垄断企业,还存在着众多的中小型发电企业。新的企业进入,寡头发电企业与中小型发电企业的利润都会减少,但受新进入影响的程度显然是不相同的。该研究构建了一个内生性进入壁垒形成机理的理论体系,对寡头发电企业、中小发电企业以及潜在进入者之间的博弈关系进行了系统的研究,并从模型中得出了一些有意义的结论。

　　第二，测度了过剩的装机容量并对过剩装机容量与新企业进入之间的关系进行了实证研究。如何测度过剩的装机容量，目前还没有一个通用的标准，该研究尝试着提出了一种测度过剩装机容量的方法，并在此基础上，利用经济计量分析工具，检验了过剩的装机容量与新企业进入之间的关系，检验结果表明了过剩的装机容量确实阻止了新企业的进入。尤其是，如果考虑到近年来中国发电市场新进入的企业中大部分是寡头发电企业新成立的下属企业，则实证结果对于内生性进入壁垒阻止外部资本进入的检验将更加具有说服力。

　　第三，该研究为提高中国发电市场的竞争效率提供了一个新的研究视角。研究中国发电市场进入壁垒的经济学文献较少，且集中于规模经济、行政垄断等外生性的进入壁垒。随着发电技术的进步和政府放松进入规制政策的实施，外生性的进入壁垒逐渐降低，而该研究对发电市场内生性进入壁垒的研究为促进发电市场的竞争提供了一个新的研究视角。

第一章　发电市场内生性进入
壁垒产生的现实背景

在文献综述之前,非常有必要对发电市场技术经济特征进行分析,并对电力产业市场化改革的现实背景进行详细阐述,这样才可以更好地理解电力产业的经济类文献。电力生产受到许多技术方面的约束,发电市场首先要满足技术条件的要求,才能考虑发电市场的各种经济问题,也就是说,发电环节的市场化改革必须建立在这些技术特征的基础之上。发电市场内生性进入壁垒的产生,是与发电市场的技术经济特征和发电环节的市场化改革分不开的。

第一节　发电市场的技术特征

美国 MIT 能源经济研究中心主任乔斯科曾指出,在研究电力产业时应该了解它的具体技术特征。发电业务的技术特征及其变化,影响到发电市场进入壁垒的结构并使之发生相应变化。因此,在研究发电市场的进入壁垒之前,首先要了解发电市场的技术特征及其发生了哪些变化。而且,这对于正确制定发电市场的相关政策也是十分必要的。

一、发电技术不同,成本大相径庭

在发电厂内,发电机组把一次能源转变为电能,进而完成电力系统运行的首个环节。根据能源投入来源的不同,一般将发电划分为火力发电、水力发电、核电以及新能源发电,如太阳能、地热、风能等几种类型。由于发电设备投入和能源获取难易程度的不同,尽管最终产品完全相同,但不同类型的发电厂在发电成本方面具有较大的差异①。

火力发电利用煤炭、石油、天然气等化石燃料进行发电,其中以煤炭为主要燃料来源。燃煤机组的成本主要受到两个方面的制约,一是机组规模因素,二是电煤价格因素。机组规模越大则劳动生产率越高,太小的发电机组是低效率的。随着火电单机容量的增加,火电单位供电煤耗下降。例如,5 万千瓦的火电机组每度电的供电煤耗约为 440 克标准煤,10 万千瓦火电机组每度电的供电煤耗约为 418 克标准煤,20 万千瓦火电机组的供电煤耗约为 357 万千瓦,30 万千瓦火电机组的供电煤耗约为 340 克标准煤,60 万千瓦超临界火电机组的供电煤耗约为 320 克标准煤,100 万千瓦超超临界火电机组每度电的供电煤耗仅为 290 克标准煤左右。电煤成本约占电厂发电总成本的 60%,2004 年电力部门煤炭消费量占当年煤炭消费总量的 55%。因此,煤炭价格的波动对发电厂的影响巨大。2002 年初大同优混煤为 220 元/吨,2004 年初超过了 400 元/吨,到 2008 年中旬达到了 980 元/吨;与此同时,火电机组利用小时数持续下降,全国多个省份电力供给处于短缺状态,原因就是发电成本的大幅度上升使得发电企业减少火力发电机组出力所致。

天然气发电的成本每度电 0.8 元左右,远远高于燃煤机组。仅在 2008 年初南方冰冻灾害、电力极度短缺的情况下,广州的燃机电价才达到 9 角/度,燃气机组才能勉强盈利。2007 年底,我国拥有燃气发电机 1200 多万千瓦。国家计划在 2007 年—2010 年的四年时间里,建设燃气机组 2600 万千瓦,达到 3600 万千瓦的装机规模。

燃油机组成本较高,同燃气机组一样,在电力供应极为短缺的情况下,燃油机组才有可能获得一定的生存空间。而在当前这种情况下,仅在石油资源丰富而位置偏僻的山区和海岛上,燃油机组才有存在的价值。2006 年年底,我国有燃油装机 1000 多万千瓦。自 2006 年以来,燃油装机基本没有新增,现有装机也在进行改造。国家要在 2007 年—2010 年关停燃油机组 700 万千瓦至 1000 万千瓦。也就是说,2010 年以后燃油机组就将基本退出历史舞台。

---

① 张各兴:《中国电力工业:技术效率与全要素生产率研究》,复旦大学 2011 年博士学位论文。

　　水电建设普遍具有投资金额巨大、工期较长和资金回收较慢的特点。大型水电的周期一般是 5—10 年,而火电 30 万千瓦主力机组准备工期需要半年到 1 年,随后 10 个月就可以实现机组投产。以单位千瓦造价进行比较:水电大约为 7000—10000 元/千瓦,火电 30 万—60 万千瓦国产机组则为 4500—6300 元/千瓦,水电比火电高出约 40%(罗兰,2004)。正是由于水电建设时间较长且成本较高,水电企业带给投资者的财务压力较大,同时带来的效益较晚,如果考虑到建设期,则水电股东一般于第一笔大规模投资 8 年以后,才可以获取资本金收益。与水电建设的高投入不同,水电的运营成本非常低。由于水电采用水力作为能源,不需要消耗煤炭等原材料,因此其可变的运营成本较低,水电一度电的运营成本约为 0.06—0.09 元,远低于火电,因此随着债务的逐渐偿还完毕,水电企业的运营情况会日益好转①。总体而言,水电项目的长期效益好,短期效益相对较差。

表 1-1　中国水电建设成本(单位:RMB/千瓦)

项目名称	华北	东北	西北	华东	华中	华南	全国平均
施工辅助工程	257	198	447	213	664	554	433
建筑工程	1248	760	1830	1032	3225	2087	1866
环境保护工程	26	30	28	40	39	41	35
机电设备及安装工程	1278	1143	967	1210	1206	859	1069
金属结构设备及安装工程	113	46	205	141	372	192	203
建设征地及移民安置	76	15	388	330	1650	857	650
独立费用	315	348	458	522	796	496	519
预备费	588	——	285	199	572	281	336
建贷利息	421	214	562	536	659	569	550
合计	4323	2754	5169	4224	9185	5936	5660

注:(1)数据来源于民族证券 2009 年水电行业深度报告;(2)"——"为缺失值。

---

　　①　范其丽、郑晓茜、马朝华:《我国电力发展状况与新能源开发研究》,《经营管理者》2012 年第 15 期。

相对于火电,核电的成本并不低廉。秦山二期上网电价为 0.414 元,广东大亚湾约为 0.54 元,而在浙江省,火电的上网价为 0.3 元多。在固定资产投资上,核电成本为 50%—60% 以上,而火电的比例为 30%—40%。燃料费用上核电为 20%,而火电为 50% 多。同样,在运行费用上,核电占到总成本的 15% 左右,而火电则为 10% 多一点。由于火电的燃料成本比重比较大,所以在核电提完折旧费以后,其成本相对而言就会大幅降低[①]。

二、电力不可存储,供需实时平衡

电力产品的供给与需求必须实时保持平衡是发电市场的一个主要技术特征。电力是一种不能大量存储的特殊产品,或者更准确地说,电力无法大量地、经济地储存。发电量超出需求量会造成电力系统故障,发电量不足也会影响电力系统的稳定性。因此,发电和供电、用电几乎同时完成,无论电力需求与供给的缺口有多大,电力生产和消费在每一时刻都必须保持平衡。一般能源,如煤炭、石油和天然气等,都可以储存,在市场需求突然增加或者减少时,通过释放库存或者增加库存短时间内满足市场需求的变化,从而抹平需求波动可能引起的价格变化。电力不可存储的特征在竞争性市场条件下必然造成价格的大幅度波动,尤其是电力出现短缺时,市场出清价格可以高到难以想象的水平。

电力需求随用户的用电状况不断发生变化,因此具有很大的波动性,通常有"峰"、"谷"之分。电力需求在一天和一年之中变化很大。一天中的夜里用电量少,早晨用电负荷开始上升,通常在下午达到高峰;一年当中夏季是高峰,在寒冷地区,冬季需要取暖,冬季通常也是用电高峰期。电力系统的负荷变化可以用负荷曲线来表示,根据其反映时间的长短可以分为日负荷、月负荷和年负荷曲线。以日负荷曲线为例,由于电力需求受到人们每天工作时间的影响,电力负荷呈现出规律性的高峰和低谷特征,日负荷曲线是将电力系统每天 24 小时负荷变化绘制而成的曲线,日负荷曲线的最高点称为高峰负荷,最低点称为低谷负荷。高峰负荷与低谷负荷之差称为"峰谷差",其值越大说明电力系

---

① 邹树梁、刘兵等:《中国核电发展的现状与展望》,《南华大学学报(社会科学版)》2004 年第 4 期。

统中电力需求变动幅度越大,月负荷曲线和年负荷曲线与此类同。这种电力需求量的波动要求对电力供给进行精确的控制,而电力供给是由发电能力和供电能力共同决定的。发电能力与发电厂商的装机容量有关,供电能力是指电网的输配电能力,两个系统保持协调才能为电力市场提供电力。任何一个环节出现问题,都将直接导致电力供给中断以及电力系统的危险。为了保证电力系统连续运行,电力生产企业通常需要配备能满足高峰负荷所需要的供电设备,在高峰负荷时启动备用机组来满足市场需求。但备用机组的发电成本通常较高。另外,在用电低谷时期,发电机组又会出现闲置,发电设备在电力需求高峰和低谷时期之间的频繁开关也会降低设备的利用率和安全性。正是由于电力系统的这一技术特征,发电厂商的装机容量既不能大量短缺也不能大量过剩,否则会影响到供电系统的安全或者造成供电资源的不匹配。

三、负荷波动较大,机组影响不同

负荷波动是通过不同的机组功能来适应的。机组一般可分为基荷(base load)机组、腰荷(shoulder load)机组与峰荷(peak load)机组,基荷机组的固定成本非常高,但燃料费用等边际成本却比较低,无论市场需求如何波动,这部分机组都会运行;腰荷机组边际成本相对基荷机组较高,在市场需求处于波谷时不需要运行,一般情况下都在运行;峰荷机组的固定成本相对较低,但边际成本最高,只有在市场需求处于峰值时才运行。在一个独立的区域性市场上,从供电的安全性、可靠性和峰谷调节等角度考虑,三种机组都是必要。无论哪种机组抑制产出都会造成电力批发价格提高进而刺激其他厂商增加产出。由于基荷机组边际成本非常低(如核电、水电及大容量火电机组等),抑制产出的机会成本较高,因此其抑制产出的动机较小;而峰荷机组边际成本非常高(如10万千瓦的小火电机组),其抑制产出的机会成本很小,因此其抑制产出的动机较大。

四、电网系统复杂,发电受输电容量约束

电力系统是一个由发电、输电、配电和售电四个环节以及保证电力系统安全可靠运行的继电保护装置、安全自动装置、调度自动化系统和电力通信等组成的整体。电能从发电厂到用户,输电网络系统与配电网系统缺一不可。电力

运输是通过输电网和配电网完成的,输电系统是网状的、潮流可以双向流动的,而配电系统通常是辐射状的、潮流是单向的。输电系统与配电系统输电电压的高低也不相同,输电系统是电力输送过程中通过的较高电压等级的电网,是电力系统中的骨干网络,起到电力系统骨架的作用。配电系统是电力输送过程中通过的较低电压等级的电网,电能从输电网到达目标区域以后,经过枢纽变电站降低电压等级转入配电网,配电网的作用是将电能直接输送到配电站后再次降低电压等级并向用户供电,也有一部分电能不经过配电站直接输送到工业大用户,由大用户的配电装置进行配电。在电力系统中,电网按电压等级的高低分层,按负荷密度的区域分区,不同容量的发电厂和用户应分别纳入不同电压等级的电网。大容量的电厂应该接入电压级别较高的主网,而容量较小的电厂可接入电压级别较低的电网。配电网通常按地区划分,一个配电网负责分配一个地区的电力以及向该地区提供电力的任务。因此,配电网之间没有直接的横向联系,而是通过高一等级的输电网发生联系。不同电压等级的电网的纵向联系通过输电网逐级降压形成,而且它们之间要避免电磁环网。各个电力系统之间通过输电线连接,形成互联电力系统(王俊豪,2005)。电网不仅仅是一个连接发电厂和用户的网络,而且是一个具有一定电压、频率等多项稳定性指标的精密系统,与铁路网、通信网、航空网络等存在着很大的差异。频率是指交流电每秒反向周期的次数,在一个交流输电系统中,每台发电机的频率必须与其他发电机保持同步,出现误差的时间不能超过 0.01 秒,否则将发生电网潮流的改变①。除了频率必须保持稳定以外,输电网的电压波动幅度也必须保持在 5%以内,既不能发生电网失荷也不允许出现电网过荷,因为在失荷的情况下,发电量小于用电负荷,电网中的电压和频率会下降;而此时如果不平衡的情况加剧,则将导致许多负荷被逐渐甩掉,导致整个系统瘫痪。反之,如果发电量高于用电负荷,则频率上升,将危及以额定频率工作的用电设备(郭磊,2007)。当一条或者多条输电线路上的潮流达到它的极限时,输电系统会发生阻塞(congestion)现象。在出现输电阻塞时,有些市场参与者还想额外多发 1MW的电力,这时想满足这些参与者,就不可能将该电力通过这些输电线路送出

---

① 于佳:《配电网规划优化方法的研究》,沈阳农业大学 2008 年博士学位论文。

去。由于存在输电容量约束,一个电网互联而形成的大的电力系统可能会在一些电力供应紧张的时段中被分割成若干个小的子系统。

第二节　发电市场的经济特征

一、市场界定中的困难

相比一般商品市场的界定,电力交易市场的界定十分困难。电力市场的界定与输配电网的分布密切相关,发电企业的地理位置有时反而不是那么重要了。以大同国电二电厂为例,虽然该电厂位于山西省大同市内,却负责北京市房山区的电力供应,与大同市其他发电企业不存在竞争关系,而是与其他负责供应北京市电力的公司竞争。电力市场的特殊性,使得电力需求价格弹性几乎为零;地理市场的特殊性,使得电力产业中的垄断问题变得十分隐蔽不易观察。

另一方面,由于输电能力有限,地理市场受输电阻塞的影响较大。纽约州公用事业委员会规制办公室的刘安平博士对纽约电力市场的描述可以形象地说明发电市场界定中的困难:

"纽约州电网在负载低谷时和部分高峰期是一个大的市场,这个市场里有足够多的供电商竞争,每个供电商的市场份额都较小,不足以有市场影响力操纵市场价格。但是,在部分高峰期,尤其是夏季,纽约电网往往分成三个互相隔绝的市场:纽约西部、纽约上州东部和纽约市及长岛地区。当市场一分为三时,坐落在纽约市及长岛地区的发电厂就不再与全州电网的电厂至外州的电厂竞争。"

由此可见,发电市场的界定受到负荷波动的影响。一个在用电低谷时期竞争比较充分的发电市场,在用电高峰时期由于输电阻塞被分成多个独立的子市场,市场空间上的变化必然导致市场结构的变化,此时仍然按照原来的地理市场界定发电市场就会出现低估市场集中度的偏差。发电市场的这一经济特征,决定了发电行业中的市场势力问题比其他行业更加隐蔽、更加严重、更加难以监督。

二、发电市场的规模经济性

发电市场存在着一定的规模经济性,即发电厂的规模越大,单位发电成本越低。Joskow 和 Schmalensee(1983)指出,矿物燃料发电厂的最小有效规模大约为 40 万千瓦左右,考虑到多部门经营的经济性,发电厂的最小有效规模在 80 万千瓦左右;刘阳平、叶元煦(1999)认为,九十年代末我国发电厂的最小有效规模大约在 60 万千瓦。

发电市场的规模经济性与发电技术和机组规模有很大关系,火力发电、水力发电和核能发电的规模经济水平相差较大,该研究后面的章节会有详细介绍。从机组层面来看,机组规模越大则劳动生产率越高,太小的发电机组是低效率的。随着火电单机容量的增加,火电单位煤耗、烟尘和二氧化硫等污染物的排放都在减少①。

从电厂层面来看,机组规模经济的减弱和政府的环境规制要求使得大型电厂的发电成本大幅增加,从而其规模经济特征有所减弱。据有关专家估计,目前矿物燃料发电厂的最小经济规模大约在 80 万千瓦左右。

从企业层面来看,规模经济存在却又似乎不太明显。以中国最大的发电企业华能集团为例,2001 年—2008 年华能集团装机容量(火电装机超过90%)从 3003 万千瓦增加到 8586 万千瓦,供电煤耗由 345.78 克/千瓦时降低到 335.78 克/千瓦时。然而,在 2003 年至 2008 年装机容量逐年大幅增加的情况下,供电煤耗下降幅度不明显,个别年份的供电煤耗不降反升,这说明在大型企业层面上的规模经济似乎并不十分突出②。

第三节　发电市场准入政策的变革

一、电力产业的可竞争环节与结构模式

(一) 电力产业可竞争的环节

电力体制改革的主要目标是在电力产业中可以竞争的环节引入竞争机制。市场需求和技术因素的变化使得发电环节的规模经济问题几乎不再成为

---

① 谢军:《节能调度与资产注入成亮点——08 年电力行业投资策略》,《证券导报》2007 年第 48 期。

② 李世新、于左:《垄断产业放松进入规制后的博弈与效率分析——以中国发电市场为例》,《山西财经大学学报》2010 年第 6 期。

竞争的阻碍,而高速计算机的出现也彻底解决了发电和输电间的协调问题,使得新的交易制度取代传统的内部协调机制成为可能。这些原因使得在发电市场中引入竞争变得可行。零售环节也不具备自然垄断的特征,因此也可以引入竞争。输电网仍然是自然垄断的,输电网络具有规模经济、网络经济和范围经济的特征,除非是新建网络的投资方面,不存在同一地域内的竞争。配电环节也是自然垄断的,同样具备自然垄断的一些特征,但是可以进行经营特许权的竞争。由于输电网和配电网提供电力交易的基础设施,发电企业向用户提供电能的活动受到这些中间环节的制约,如果发电企业的供电服务不能得到输电网和配电网的非歧视性接入,仍然不能形成有效的竞争市场。

(二) 市场结构的四种模式

1、垂直一体化模式。从爱迪生发明电灯到现在,垂直一体化模式成功运行了一百多年,目前世界上很多国家或地区仍然在采用这种模式。在垂直一体化模式下,电力企业从事发电、输电、配电和售电四个环节的全部活动,并受到政府管制。发电环节没有竞争,没有独立的发电商,不能构成发电市场,发电环节只有结构性进入壁垒和政府的政策性进入壁垒等外生进入壁垒,没有独立发电商的策略性行为构成的内生进入壁垒。

2、单一买方模式。单一买方模式是美国率先采用的一种市场模式。该模式将原来的垂直一体化模式中的发电环节和输电环节纵向分解,并在发电环节中引入竞争机制。在这种模式下,发电企业从电网中剥离出来并重组成为独立发电企业,发电企业之间平等竞争,输电、配电和售电环节仍然垂直一体化垄断经营,一体化垄断者从竞争性发电厂商处购买电力产品并且是其唯一的购买者,同时也是电力产品唯一的销售者。独立发电商向电力公司出售电力的价格是受到政府管制的,但不是按照它们的服务成本来确定,而是按照某种形式的竞价过程和一定的竞价规则来确定出售电力的价格,电力公司与其签订长期的购售电合同。之所以要签订长期购售合同,是因为单一买方的竞争只是电厂建设和运营方面的竞争,买方只有一个,独立发电商面临着资产专用所导致的经营风险。如果没有长期合同,独立发电商在与一体化垄断厂商进行价格谈判时完全受制于对方,经济租金可能被对方完全占有,因此它是不会投入大量资金建设发电厂的。

单一买方模式包括分散模式和一体化模式两种类型。在分散模式下,所有的发电商都是独立的,即完全从一体化垄断厂商中分离出来,除了一些小规模的调峰电厂以外,一体化垄断厂商不能从事发电业务或拥有自己的发电商。而在一体化模式下,发电商可以分成两种,一种是独立发电商,另一种是一体化厂商所拥有的私人发电商。一体化厂商所拥有的发电商与独立发电商一起参与发电市场的价格竞争,将自己的电力产品卖给唯一的买方。这种模式的问题是显而易见的,在电力充足时,一体化厂商将优先从自己的发电厂商处购电,独立发电商会受到歧视。

就目前而言,中国的发电市场是典型的单一买方模式,电网公司是唯一的买方,以五大发电集团为代表的众多独立发电企业竞价上网。然而,中国电力监管部门并不禁止电网公司持有发电企业的股权,这样就造成了中国的市场结构模式类似一体化模式,电网公司利用其唯一的买方地位歧视其他的完全独立于电网公司的发电企业,"二滩事件"就是一个典型的案例。

3、批发竞争模式

在批发竞争模式下,发电价格是买卖双方的竞争形成的,发电企业通过输电网络将电力产品批发销售给配电公司和大用户,配电公司对所有用电量较小的用户实行垄断经营。输电网络像高速公路一样对发电企业、配电企业和大用户开放,根据交易的电量和线损收取一定的过网费用。输电网作为传输中介,不再参与电力市场交易。在单一买方模式下买方市场是完全垄断的,而在批发竞争模式下存在着配电企业和大用户等竞争性买方,所以能够降低发电企业的风险。然而,批发竞争模式也是存在一定问题的,如果只允许用电量达到某一数值以上的大用户拥有供电商选择权,则必然会引起如何界定大用户的问题。1990年英国电力改革初期实行批发竞争模式时,管制机构用了整整一年的时间来界定大用户。此外,批发竞争模式并没有改变小用户的不利地位,配电公司和大用户在竞争性批发市场中买电,而小用户只能从配电公司处买电,这不仅没有改变小用户没有供电商选择权的地位,而且还不得不承担全部的搁浅成本。

4、零售竞争模式

零售竞争模式也被称为"用户选择"或"零售准入"模式,允许包括小用户在内的所有用户自由选择自己的供电商,发电商也可以把电卖给任何人。目前采用零售竞争模式的国家或地区有英国、新西兰、澳大利亚、阿根廷、挪威、瑞典、西班牙和美国的一些州。在美国,一旦放松管制,都会采用零售竞争模式。在这种模式下,不仅输电网对所有的发电商和用户开放,而且配电网也是对电力交易双方是开放的,并收取一定的配电服务费用。零售竞争模式把竞争进一步延伸到了售电环节,终端用户参与市场竞争使得电力产品的供给与消费直接相连。零售竞争使用户得到了最大利益,而且管制机构仍然可以通过管制价格继续保护小用户。通过零售市场的激烈竞争,批发市场的价格可以更低,这就意味着零售竞争能够提高市场效率。

二、国外发电市场准入政策的变革

(一) 英国发电市场准入政策的变革

英国是世界上最早进行电力市场化改革的国家。1988 年,英国政府发表了《电力市场私有化》的政府白皮书,提出新的电力产业结构,并拟订了三项措施:一是将现有的 12 家区域配电局改组为 12 家民营的区域配电公司;二是国家输电网仍维持垄断格局;三是结束中央发电局(CEGB)对现有发电市场的独占权。在电力产业结构重组之前,中央发电局对发电和输电拥有绝对垄断权,负责电力的生产、买入、卖出和向 12 个地区电力局提供电力,这些地区的电力局拥有一个配电网,并对它们的用户提供垄断的零售业务[1]。

1989 年,英国颁布了新的《电力法》,为电力产业的结构重组提供了立法依据,并在电力供应主管(DGES)的指导下成立了独立的管制机构——电力管制办公室。英国电力体制改革是在 1990 年正式开始的,改革内容是对电力产业从根本上进行结构重组,将原来发电、输电统一经营的中央发电局纵向分解成若干个发电公司和一个输电公司,12 个地区电力局改组为 12 个地区电力公司,国家电网公司的所有权转到了 12 个地区电力公司[2]。

发电环节组建了 3 个独立经营的发电公司即国家电力公司(NP)、国家发

---

① 武丹:《发电侧竞价上网与煤电厂商纵向一体化研究》,复旦大学 2008 年博士学位论文。
② 孙倩、刘峰:《世界电力工业改革模式及其启示》,《电力需求侧管理》2006 年第 1 期。

电公司(PG)、国家核电公司(NE)和一些独立的发电商。NP、PG、NE 分别获得 3000 万千瓦、1800 万千瓦和 840 万千瓦的装机容量,这三家发电公司的发电量共占总发电量的 91%。210 万千瓦的抽蓄水力电厂划归输电公司 NGC,后来于 1995 年从 NGC 分离出来,成立 Fydst Hvuro,同年 12 月被美国 Mission Energy 兼并。随着市场竞争的发展,苏格兰和法国电力系统也参与到英国电力市场的竞争中。在电力市场的实际运行过程中,由于发电市场的集中度太高,在发电侧竞争中出现了市场势力的滥用。天然气电力市场办公室声称,自从私有化以来,各个发电公司的投入成本都明显下降了,新电厂的主要成本下降了 40%,天然气现货价格下降了 50%,煤价下降了 28%,劳动生产率也出现了显著的提高,然而,1993 年—2000 年间,电力市场价格每年实际下降了仅仅只有 2.1%。管制机构认为这是由于发电公司的市场势力造成的。为了避免某些发电商控制和操纵电力市场,规制者要求市场份额较大的发电公司出售部分装机容量以减少市场份额。国家电力公司和国家发电公司被迫出售其管辖的电厂,一批国外的电力公司在收购电厂后,成为英国的独立发电商参与竞争。核电公司被分割为麦格诺克斯电力公司和英国能源公司。通过专门针对发电市场的第二次结构重组,英国发电市场的市场结构发生了重大变化。国家电力公司在电力产业结构重组初期的装机容量市场份额为 45.5%,2000 年就下降到了 17.5%。而除了三家最大的发电公司以外的其他独立发电商,所占市场份额从 1990 年第一次结构重组后的 8.7% 上升到 2000 年第二次发电市场结构重组后的 51.4%。尽管如此,由于新建电厂主要是基荷发电厂,当国家电力公司和国家发电公司两家大型发电公司合计发电量占全国总发电量的 33% 时,它们仍然控制着大部分决定市场价格方面的中等价位的发电厂,这些电厂在 51% 的时间可以决定市场价格。

　　输电环节成立了国家电网公司,拥有所有的高压输电系统和调度中心,并控制与法国、苏格兰的互联工程以及两个抽水蓄能电站①。英格兰与威尔士地区国有的 12 家地区配电公司各自负责其营业区域的配电及售电业务。在电力产业结构重组后,输电与配电仍然维持政府管制。私有化后,这 12 家区

---

① 刘学海:《梯级水电站群优化调度与运营策略研究》,天津大学 2005 年博士学位论文。

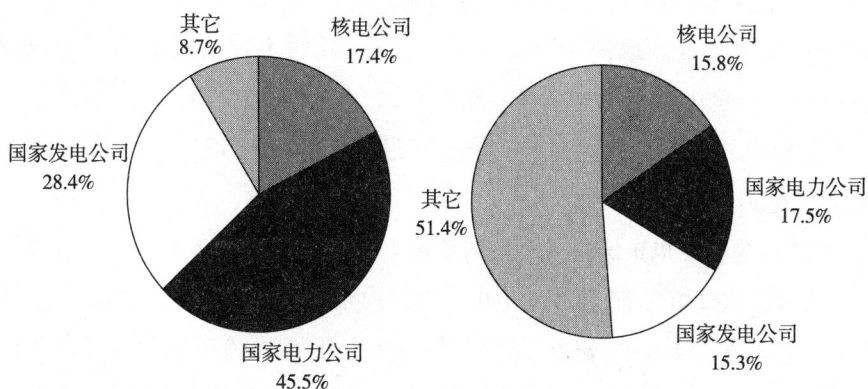

图1-1　英国的发电市场结构及其变化

域配电公司的核心业务是针对 2200 万用户进行配电和售电工作。依据英国电力法,各区域售电公司可以向输电公司或直接向国家电力公司和国家发电公司及其他发电公司购买电力,且这些区域售电公司同时也被允许拥有自己的发电厂,发电公司将依与输电公司及区域售电公司的契约来执行发电。至于工厂或其他较大的电力用户,可直接和两家电力公司或其他独立电力供应业者签订购电合同,任何购得的电力,均可通过本地区输电网传输[1]。

英国的电力库(pool,也称联营体)是世界上第一个竞争性电力市场的制度设计,所有发电公司的发电量必须全部进入电力库交易,每天上午 10 点之前各发电公司向电力库报出第二天所有发电机组的可调出力、一天的开停次数和分时电价,电力库按照各机组的报价、机组投入能力和发电机组的地理位置排出发电机组投入运行次序表。报价低于边际报价的机组投入运行并统一按边际报价结算,报价高于边际报价的机组退出运行[2]。电力库促进了发电企业在竞争中努力降低发电成本和报价。然而,事实证明,电力库是不成功的。天然气电力市场办公室(OFGEM)在 2001 年的一份报告中指出了电力库的缺陷,如发电资产集中在一些大的发电商手中,批发价格未随发电商投入成

---

①　刘戒骄、魏景柱:《英国电力产业的放松管制与竞争机制的引入》,《首都经济贸易大学学报》2002 年第 4 期。

②　张华新:《中国能源价格形成机制及其优化研究》,辽宁大学 2008 年博士学位论文。

本的下降而下降,甚至经常被人为抬高,缺乏供电方压力与需求方参与等。从2001年3月起,英国取消了强制性的电力库,开始实施新的电力交易规则(NETA)。新的电力交易规则是一个由双边合同形式主导的市场,合约双方包括发电、售电交易商及用户①。新电力交易规则是成功的,市场竞争更加激烈,批发电力价格开始下降。

(二) 美国发电市场准入政策的变革

电力体制改革之前,美国的电力产业是由垂直一体化的电力公司组成,每个电力公司均包括发电、输电、配电和售电四个环节,并在其被授权的服务区域内垄断经营。绝大多数的电力公司是私人投资者拥有的私有公用电力公司(Investor-Owned Utilities, IOU),它们向用户提供一个包含了发、输、配、售四部分成本的捆绑价格。这些电力公司受到各州公用设施管理委员会的管制,按照服务成本定价。除了私有电力公司,电力市场上还存在数千个小型公共电力公司和几个较大的公共电力公司。

美国电力体制改革的主要原因是电力建设投资不足和供电价格太高。在市场进入方面,只允许拥有电网的电力公司投资建电厂,不允许电力公司以外的投资者投资,电网不对外开放,在电价机制上不鼓励市场竞争定价,这样形成了电力公司的垄断地位。二十世纪七八十年代,美国建造了大量的核电站,导致美国部分地区的发电成本大幅提高,而在传统的服务成本管制体制下,这些成本都被转嫁到了消费者身上。相反,独立发电商在竞争性市场上大量建造了循环燃气发电机组,不仅污染排放少,而且发电成本低。美国联邦能源管制委员会(FERC)注意到了独立发电商进入电力产业所带来的效率提高,为了扩大发电市场的竞争,必须排除独立发电商进入市场的障碍。

从20世纪80年代开始,美国逐步放开了对发电市场的进入限制,实行投资主体多元化,允许公用电力公司之外的投资者投资建厂。1988年,联邦能源管制委员会公布了竞争招标和促进独立发电商发展的提案NOPRS(Notion

---

① 刘戒骄:《英国电力产业的放松管制及其对我国电力改革的启示》,《经济管理》2003年第22期。

of Proposed Rulemaking），提出放松对独立发电商的管制，主要是简化独立发电商的申请和审批手续，修正了合格设备 QF（Qualifying Facility）①的批准手续，减少电力市场的进入壁垒，培育电力市场的竞争主体，并向发电部门引入竞争招标制度，激励发电公司参与竞争。这一政策使得非电力公司拥有的独立发电厂迅速发展。1992 年美国放开了电力批发市场，美国国会通过的能源政策法案（EPA）促成了一批新的可以在批发市场售电的发电商，并将电力零售准入和对发电放松规制的权利下放到了各个州政府。1996 年，FERC 颁布了第 888 号和第 889 号法规，要求电网所有者必须对任何类型用户的进入要求提供输电服务，这是开放市场、促进发电市场竞争的关键步骤。1999 年，针对拥有发电厂的输电机构对独立发电商采取输电歧视的情况，FERC 颁布了第 2000 号法令，要求所有的加入区域输电组织（RTO）。RTO 有两种形式可以选择：独立系统运营商（ISO）和独立输电公司（ITC），ITC 模仿英国国家电网公司，是一家不拥有任何发电厂的盈利性输电机构，所以 ITC 不会对发电商采取歧视性态度。

三、中国发电市场准入政策的历史演变

1978 年以前，从事电力生产和电力输送等活动的电力企业均为国有国营，政府投资且直接管理，实行严格的市场准入限制，禁止非国有资本进入电力产业的任何一个业务环节，电力企业之间不存在市场竞争行为。在此时期，由于国有资本非常有限，政府投资建设的发电厂比较分散，输电网也没有大规模联网，除了跨省电网以外的其他电力企业全部由各省实行垂直一体化垄断经营，各地方电力产业自成一体，地方之间市场壁垒高。电力产品的价格由政府统一制定，定价原则基本上是按照各工业产品的相对价格以及电力产业的运行成本来确定的。从电源结构来看，主要由水电和火电组成，当时国家的政策倾向是"水主火辅"的长期建设方针，为了加快水电建设，还合并水利部和电力工业部，成立水利电力部。从电力产业结构来看，政府偏重于电源建设，

---

① QF 是美国 1978 年公共电力管制政策法案（PURPA）提出的一种资格，PURPA 要求存在的电力公司必须按照成本价向这些设备购电。

对发电厂的建设投资远多于输配电网的投资。尽管如此,发电厂的电力供给仍然满足不了国民经济正常发展的需要,电力供需矛盾突出,缺电问题严重且极其普遍,一直是经济发展的瓶颈产业。

到了 20 世纪 80 年代,为了缓解长期的电力紧张局面,政府开始在发电环节出台一些鼓励地方办电、吸引民营资本和国外资本的政策,在这段时期内政府放开了市场准入,允许外部资本进入中国电力产业。1982 年龙口电厂集资办电,开始引入集体所有制成分。1985 年 5 月,国务院批转国家经济委员会等部门《关于鼓励集资办电和实行多种电价的暂行规定》的通知,正式推出集资办电政策。同年,中外合资建设了沙角 B 电厂和广东大亚湾核电站,正式引入了国外资本,并按照国际惯例通过签订长期合同明确年售电量和上网电价,由电力公司收购后转售给用户。电力产业放松进入规制的政策取向,不仅使电源投资短缺现象得到极大缓解,而且形成了目前中国发电市场多元化竞争主体的市场格局。这一阶段被称为第一轮电力体制改革。

1997 年 1 月,国家电力公司的成立被认为是第二轮电力体制改革的开始。改革目标是通过完成公司改制,实现政企分开,打破垄断,引入竞争,优化资源配置,建立规范有序的电力市场。1998 年 8 月,国家电力公司推出以"政企分开,省为实体"和"厂网分开,竞价上网"为内容的"四步走"的改革方略。1998 年 12 月 24 日,国务院办公厅转发《国家经贸委关于深化电力工业体制改革有关问题的意见》,"厂网分开,竞价上网"开始在六个省市先行试点[1]。

2002 年底,中国电力发展史上规模最大的一次电力体制改革拉开序幕,也被认为是中国真正意义上的市场化电力体制改革的开始。2002 年 2 月 10日,国务院发布了中国电力体制改革的纲领性文件——《电力体制改革方案》,即业内俗称的 5 号文件,明确指出了电力体制改革方案的总体目标:打破垄断,引入竞争,提高效率,降低成本,健全电价机制,优化资源配置,促进电力发展,推进全国联网,构建政府监管下的政企分开、公平竞争、开放有序、健康发展的电力市场体系[2]。原国家电力公司被双向拆分,其中纵向拆分为发

① 孙强:《电力市场化改革浅析》,《统计与决策》2004 年第 1 期。
② 童亚辉、方春雷、应雄:《"厂网分开"改革以来浙江电厂面临的形势分析》,《能源环境保护》2008 年第 S1 期。

电环节和输配电环节。然后发电环节又被横向拆分为中国华能集团公司、中国大唐集团公司、中国华电集团公司、中国国电集团公司和中国电力投资集团公司五家发电集团公司,初步形成发电市场寡头垄断的结构①。输配电环节仍保持垂直一体化经营,并横向拆分为国家电网公司和南方电网公司,形成双寡头垄断的市场结构。电力体制改革取得了一定的成果,但绝大部分人都承认,这个改革的进程并不顺利。尤其在电网改革方面更是进展缓慢,改革一度出现了反复和倒退,引起了各方的不满。2005年年底,电监会信息中心统计分析处处长杨名舟甚至上书国务院,言辞尖锐地称:"中国电力工业体制改革基本上不成功。"而中国能源网信息总监韩晓平对目前(2007年)的电改现状更加悲观:"如今改革进行了5年,在我看来,形势更加令人沮丧。"他认为,改革5年来真正的市场主体并没有建立起来,却导致了电源建设和电力输配双失控的局面,国家电网公司成为阻碍改革前进的最大垄断者。中国投资协会大中型企业委员会副会长、原中国电力企业联合会秘书长陈望祥注意到,改革前,电力供需矛盾紧张,厂网分开后,电力改革加速。实行厂网分开,实现了投资主体多元主体,解决了长期以来电力投资紧张问题,发电侧每年的增长很快。2003年中国新增装机3484万千瓦,2004年新增5100万千瓦,2005年新增容量在6000万—7300万千瓦之间。而截止到2006年末,全国发电装机容量已经达到62200万千瓦。国务院发展研究中心发展战略与区域经济研究部副部长高世楫认为,发电引入竞争以后,电厂投资的成本已大幅下降。然而,改革所带来的效益并没有惠及到终端消费者。有专家做过计算,改革过程中,发电装机容量的平均造价从2002年前的5000元/千瓦下降到了2005年的4000元/千瓦,平均下降1000元。2003年—2005年,发电侧节约了1400亿的投资。然而这巨大投资成本的下降带来的却是电价的不降反升,消费者们为接连上涨的电价多掏了钱。2004年,每度电平均上涨了2.84分钱,2005年平均每度电又提高了2.52分,以2004年全国售电1.7万亿度电、2005年全国售电2万亿度电匡算,消费者多支付了约1600亿元②。这些都是市场垄断惹

---

① 梁宜:《拆分重组——中国电力工业发展的新里程碑》,《水利电力科技》2002年第4期。

② 王强:《电改五年行路难》,《商务周刊》2007年第14期。

的祸。

2009 年 5 月,国务院批转了国家发改委《关于 2009 年深化经济体制改革工作的意义》,文中明确提出推进大用户直购电和双边交易试点改革。市场准入是实施大用户直购电最为重要的基础和前提。从国外经验来看,放开电力用户的选择权是一个由严到宽逐步放松的过程,借鉴国外做法,文件规定试点初期的市场准入条件为:电力用户为电压等级在 110 千伏及以上、符合国家产业政策的大型工业用户,发电企业的市场准入条件为 2004 年及以后投产的,符合国家有关政策要求的火力和水力发电机组,火电机组原则上为单机容量 30 万千瓦及以上机组,水电机组原则上为单机容量 10 万千瓦及以上机组,并根据试点工作进展情况逐步放宽市场主体进入条件。

第四节　中国发电市场的潜在进入与退出

一、电力市场化改革后的市场进入

电力市场化改革的主要目标是放松发电市场的进入规制与价格规制,鼓励不同所有制的发电主体进入发电市场并参与市场竞争,从而提高发电市场的效率。由于发电市场的平均成本费用利润率远远高于其他行业,放松发电市场的进入规制以后,市场进入的政策性壁垒大幅度降低,民营资本和国外资本可能会大量进入到中国发电市场,分取一杯羹。

在电力市场化背景下,发电资产股权多元化将是今后的发展趋势。除了原国家电力公司分拆出来的五大发电集团雄心勃勃的发展计划,地方国有发电企业、其他产业资本、民营资本、国外资本也开始纷纷进入和扩大在发电市场的投资。神华集团、国家投资公司、中煤集团通过垂直一体化经营进入发电领域;北京国华电力、北国投、江苏国信等地方发电集团,民营资本如华睿集团等,都在谋求扩大其装机容量和市场份额;国外资本,如排名世界五百强的韩国电力公社等也借机进入中国发电市场。

二、中国发电市场外部资本的退出

2003 年以来,一方面,由于电煤价格体制改革导致电煤价格飙升,许多民营和外资发电企业无法采购到国有大型发电企业才能享受到的计划煤,同时上网电价又不能上涨,导致许多外资发电企业亏损;另一方面,由于处于领导者地位的国有寡头发电企业生产能力的迅速扩张,中国发电市场装机容量过剩的状况日益显现,外部资本出现了退出发电市场的趋势。2003 年 3 月,美国赛德能源公司将温州特鲁莱发电有限责任公司 40% 的股份转让,并陆续出售了广东东莞厚街电厂、河北唐山热电和湖北蒲圻赛德发电有限公司的股份。此外,法国阿尔斯通公司撤出了广西来宾电厂 B 厂项目 40% 的股份,全球第三大能源巨头美国迈朗公司出售了它在山东国电和广东沙角一电厂的股份。2004 年 3 月,美国电力公司出售了河南南阳浦山电厂 70% 的股份,年底,西门子公司与瑞典 Vattenfall 公司的子公司德国汉堡电力公司(HAW)一起出售了在河北邯峰电厂共 40% 的股份。

第二章 发电产业内生性进入壁垒的文献介评

第一节 市场进入壁垒理论的文献综述

一、对进入壁垒内涵的学术争议

经济学者经常就理论、论据、分析框架等诸如此类的问题进行争论,像进入壁垒这样围绕一个定义进行的争论几乎没有。他们之所以在一个定义上大动干戈,原因在于进入壁垒的定义在反垄断案件的分析中具有十分重要的作用。因此,在本小节的内容安排中,首先阐述一下经济学界对进入壁垒内涵的学术争议。

贝恩(Bain)是进入壁垒理论的开山鼻祖,他将进入壁垒定义为,"在位厂商可以持续地把价格提高到最小平均生产和销售成本(最优规模经营成本)以上,而又没有达到引起新厂商进入这个行业的程度。"贝恩的定义集中于现存企业获取超额利润的能力。施蒂格勒(Stigler)对进入壁垒的定义为,"进入壁垒是一种生产成本(在某些或每个产出水平上),这种成本是打算进入一产业的新厂商必须负担、而已在该产业中的厂商无须承担的"①。施蒂格勒对进入壁垒的定义则强调现存企业对新进入者的相对成本优势。鲍莫尔和威利格(Baumol and Willig)将进入壁垒定义为,"任何新进入者进入一个产业需要支出的,但是并不相同地强加在现存者身上的成本。"弗格林(Ferguson)认为,进入壁垒等同于"允许现存企业定价高于边际成本,从而不断赚取垄断利润,同时使进入者无利可图的因素"。弗格林的定义将价格与边际成本的偏离看作

---

① 危怀安:《垄断市场的形成与发展机理》,《天津社会科学》2009 年第 5 期。

是对经济效率的损害。冯·维茨塞克(Von Weizsäcker)将进入壁垒定义为,"寻求进入一个产业的进入者需要承担,而产业内已有企业不需要承担的一种生产成本。从社会角度看,这意味着资源配置的扭曲。"①卡尔顿和佩洛夫(Carlton and Perloff)认为,进入壁垒的通常定义是阻止公司立刻在市场中创建新企业的任何努力。但是这个定义并不是非常有用,因为这意味着几乎每个市场都存在进入壁垒,甚至雇用劳动力和设立工厂的成本也是进入壁垒。而且该定义意味着任何需要花费时间才能进入的市场都存在进入壁垒。卡布尔(Cabral)认为,进入壁垒是允许在位企业长期获得经济利润的结构性、制度性和行为性条件。

在卡布尔的研究基础上,该研究认为,进入壁垒可以定义为在位企业相对于潜在进入企业获取长期优势地位的结构性、制度性和行为性条件②。本书的观点是,进入壁垒不能脱离潜在竞争者而单独从在位企业的角度来定义,研究进入壁垒问题的初衷是为了研究潜在竞争者进入特定市场的难度从而预判市场的竞争程度和市场绩效,这就说明进入壁垒是在位企业拥有的,潜在进入企业没有的一种竞争优势,这种竞争优势可能来源于成本因素,如绝对成本优势或边际成本优势,还可能来源于制度因素或者来源于在位企业的策略性行为。

二、结构主义学派的进入壁垒理论

结构主义学派的代表人物贝恩既是产业组织理论 SCP 范式的开创者,也是对进入壁垒进行开创性研究的学者。在 1959 年出版的《产业组织》一书中,贝恩提出了著名的 SCP 分析范式,并运用这种范式研究了市场结构、市场行为和市场绩效三者之间的关系,并十分强调市场结构在三者关系中的核心作用,这也是其被称为结构主义学派的原因。而研究市场结构,进入壁垒是一个不可回避的问题。1956 年,贝恩出版的《新竞争的壁垒》一书中首次提出了"进入壁垒"的概念,自此,进入壁垒被引入到对各产业的市场结构的分析框

---

① 李太勇:《进入壁垒理论评述》,《经济学动态》1998 年第 12 期。

② 胡洪斌:《中国产业进入规制的经济学分析》,云南大学 2011 年博士学位论文。

架之下。

在结构主义学派的研究中,市场结构被认为是决定市场行为和市场绩效的核心变量。在决定市场结构的因素中,市场进入条件即新厂商进入一个市场的难易程度是反映市场结构的一个重要变量,从长期看,进入条件是决定市场结构的决定性因素。因此,贝恩把进入条件作为 SCP 范式的核心,给出了进入壁垒的定义,并认为进入壁垒是"垄断和寡占不可或缺的必要条件","当不存在进入壁垒时,卖方几乎没有力量决定价格,即使有也不会持久"。贝恩把进入壁垒的来源总结为五种:(1)在位企业因规模经济而具有的相对于新进入者的优势。新企业进入的早期阶段很难实现大规模生产,因而处于不利的市场地位,限制了新企业的进入。(2)在位企业相对于潜在进入企业所具有绝对成本优势[①]。贝恩把这一来源分为四类:一是在位企业在专利和商业技术上的垄断优势;二是在位企业有效控制了重要生产要素的供给;三是如果一个要素的供给受到限制,进入发生后会极大提高在位企业和新进入企业面对的要素价格水平;四是在位企业相对容易筹集到低成本资金的优势。(3)在位企业相对于潜在进入企业所具有的产品差别化优势。消费者对在位企业产品的偏好,会带给在位企业更有利的竞争优势,而这恰恰是新进入企业的劣势,因此产品差别也会影响到潜在竞争者的进入抉择。(4)必要的资本量。贝恩认为,某些产业巨大的资本需求量阻止了潜在竞争者的进入,在《新竞争的壁垒》中,运用调查表数据得到他认为是 20 个制造业市场中资本需求量壁垒的估计值[②]。(5)特有资源。特有资源主要是指企业所拥有的专利权、特许权、对重要原材料的控制权等因素。潜在进入者没有必需的资源就无法进入,从而被在位企业阻挡在市场之外。从贝恩列举的市场进入壁垒的来源中可以看出,这些因素有些是企业行为所不能控制的,如规模经济、必要的资本量;而有些因此是企业可以控制的,如产品差别化、绝对的成本优势。从这里来看,很多人认为贝恩把市场结构视为是外生的,这显然是一种误解。另外,结构主义学派对进入壁垒也做了一定的实证分析。贝恩对美国 20 个行业进行了分

---

① 李何:《供求特征、策略性行为对市场结构的作用机理研究》,吉林大学 2009 年博士学位论文。

② 郭庆然:《中国制造业结构变动研究(1953—2011)》,人民出版社 2014 年版。

析比较,并根据进入壁垒"非常高"、"显著"或者"适度及较低"对所研究的行业进行了分类。贝恩的结论是,进入壁垒是收益的主要决定因素。进入壁垒越高,利润率越高,但"显著"的进入壁垒和"适度及较低"的进入壁垒之间的差别不太明显。卖方集中度不再是赢利能力的良好测试指标,因为有些集中度高而进入壁垒适度或较低的行业,利润率明显偏低。最后,贝恩发现,产品差异和广告是高进入壁垒的主要原因。

曼(Mann, 1966)对美国 30 个行业 1950 年—1960 年间的数据所做的研究支持了贝恩的观点。曼将进入壁垒定性地划分为"高"、"显著"和"中等偏下"三个级别,利润率由税后净利润与净价值的比值表示。曼发现,在高集中度的行业中,进入壁垒不同的行业,其利润率也有差别,高进入壁垒的行业利润率远高于其他两个级别进入壁垒的行业利润率。

科马诺和威尔逊(Comanor and Wilson, 1967)用定量分析代替了贝恩和曼的定性分析,并用标准的多元回归技术评估了各种要素在统计上的重要性。在研究中,他们试图用集中度差异、由生产规模产生的进入壁垒以及市场增长率的差异来解释行业之间平均利润率的变化,他们的研究构成了后来的分析、批评和新的实证研究的基础。与贝恩的观点相同,他们认为广告是造成产品差异的主要原因,而产品差异又是形成进入壁垒的主要原因。科马诺和威尔逊的研究发现,广告销售比率始终是一个显著且重要的变量,即使对模型进行较大的变动也是如此。

三、行为主义学派的进入壁垒理论

自结构主义学派创立了进入壁垒理论以后,进入壁垒成为了产业组织领域无法回避的研究范畴,并得到了其后的行为主义学派的进一步发展。虽然都是以 SCP 范式为研究框架,但行为主义学派对市场结构重要性的评价与结构主义学派截然不同,因此对进入壁垒问题的研究也与结构主义学派有很大的差异,提出了与结构主义学派不同的进入壁垒理论。

施蒂格勒(1968)提出了一个建立在在位企业和潜在进入企业之间成本不对称基础上的进入壁垒概念,他用 $C_e(x) - C_i(x)$ 的值来衡量进入壁垒的大小,$C_e(x)$ 和 $C_i(x)$ 分别代表在位企业和新进入企业在产量为 x 时的成本。按施蒂格勒的观点来看,规模经济不是一种进入壁垒,因为规模经济对于在位企业和潜在进入者来说都是相同的,只要潜在进入企业和在位企业可以在相同的成本曲线上运行,规模经济就不是进入壁垒。用施蒂格勒的话说,"一些经济学家说规模经济是进入壁垒,意味着经济学解释为什么没有其他企业进入。它等同于说不恰当的需求是进入壁垒"①。除此以外,施蒂格勒认为,不仅规模经济不是进入壁垒,只要在位企业和潜在进入企业面临的条件是对称的,这些条件就不能构成进入壁垒,从而把必需的资本量、产品差异化、广告、专利和绝对成本优势等统统排斥在进入壁垒之外。施蒂格勒特别强调的是政府管制政策构成的人为的进入壁垒。

施蒂格勒的一些观点得到了卡尔顿和佩洛夫(1994)两人的支持。卡尔顿和佩洛夫认为,进入壁垒的通常定义是阻止公司立刻在市场中创建新企业的任何努力。但是这个定义并不是非常有用,因为这意味着几乎每个市场都存在进入壁垒,甚至雇用劳动力和设立工厂的成本也是进入壁垒。而且该定义意味着任何需要花费时间才能进入的市场都存在进入壁垒。他们还认为,大项目并不一定比小项目更难筹集资金。如果资本市场合理运作,那么筹集资金对有利可图的大项目就和小项目一样。好的项目会有很多投资者。如果进入需要大量的沉没成本,而且如果进入是失败的,那么进入者的损失会很大,在这种情况下,策略性行为的威胁会阻止新的进入。遇到策略性行为的风险越大,潜在的损失就越大,战略性进入威慑就越有效。在这种情况下,涉及大量沉没成本的大规模投资会减少潜在进入者的进入激励,因为损失也许会非常大。然而,在产品差异化问题上,他们的观点与施蒂格勒有所差别,他们认为,产品差异化可以产生长期的进入壁垒,如偏好品牌声誉的消费者意愿就会使得新的品牌很难进入。

冯·维茨塞克(1980)认为尽管进入壁垒这一概念被广泛应用,但经济学家们并没有说清楚为什么有些现象可以纳入进入壁垒的范畴,而有些现象不可以。维茨塞克批评了结构主义学派对进入壁垒的理解,他认为结构主义学

---

① Stigler, G.J.: Barriers to Entry, Economies of Scale and Firm Size, The Organization of Industry, 1968, pp.67.

派把超出正常水平的利润率理解为高进入壁垒的结果是不正确的。即使统计上进入壁垒和长期的超额利润率是正相关的,也不能认为超额利润长期存在的地方就肯定存在进入壁垒,并给出了4种反例:(1)利润可以包含资本回报率以外的部分,可以包含其他生产要素的收入;(2)资本可能得不到正确度量,有些模糊不清的资本构成经常不能在会计中反映出来;(3)利润与效率有关:超常的效率即使没有进入壁垒也能带来超常的利润率;(4)从另一个方面来看,进入壁垒以及由此产生的竞争压力的缺乏可能导致的不是高利润率而是低生产率。从获得垄断地位需要消耗资本这一意义上来说,垄断的资本回报率未必就高于平均水平。因此,利润率和进入壁垒之间不存在严格的因果关系。按照维茨塞克的理解,进入壁垒是一种生产成本,它是由打算进入一个产业的厂商所承担,而不是由已经处于该产业中的厂商承担;并且从社会的角度来看,这意味着资源配置的扭曲。表面上看,冯·维茨塞克的定义与施蒂格勒给出的定义具有很大的相似性,但他的定义同时考虑到了进入壁垒的社会福利效果,即进入壁垒必然会导致资源配置的扭曲或者说社会福利的减少。

德姆塞茨(Demsetz,1982)认为,任何政府对自由市场经济的限制活动导致的生产成本的增加都会产生进入壁垒。德姆塞茨以出租车牌照为例,说明进入壁垒产生于政府对市场经济活动的干预,只有政府拥有充分的法律权威才可构成产业的市场进入壁垒,尽管市场自身会产生进入壁垒,但在没有政府参与的情况下,它只会在短期内存在,从长期来看,它会因为市场机制的调节作用而自行消失。另外,德姆塞茨提出了“所有权进入壁垒”的概念,认为贝恩所说的广告、产品差别化等有关的进入壁垒实际上是一种信息成本的壁垒,而这种壁垒是由于一系列产权制度(如专利法、商标法的实施)所产生的,这些法律的保护使新进入者不能仿造,不能以假冒的方式提供给消费者与受法律保护的在位者一样的信息。因此,新厂商进入时,在获取消费者认同方面存在劣势。而这种信息劣势的存在本来可以假冒、模仿的方式获得弥补,但是现在却受到专利法、商标法等知识产权法的限制。因此,在德姆塞茨看来,政府对经济活动的干预及法律的限制才是进入壁垒的来源。

20世纪80年代,鲍莫尔、潘扎、威利格等经济学家提出了“进退无障碍市场”(Contestable Market)的概念,并在此基础上形成了“进退无障碍理论”

(Contestable Theory)。鲍莫尔(1982)提出,进退无障碍市场就是进入自由、退出没有成本的市场,进入自由不是指进入一点儿成本都没有或者进入很容易,而是指进入企业与在位企业相比较,在生产技术和质量方面不具有任何劣势。由此可见,在对进入壁垒问题的理解上,进退无障碍理论继承了施蒂格勒的观点,即规模经济并不是进入壁垒。因为在位企业和潜在进入企业如果具有相同形状的成本曲线,则就不存在技术方面的差异。产品差别也不一定能构成进入壁垒,只有产品差别带来了在位企业的成本优势时,才能构成进入壁垒。如果资本不是沉淀的,或者说退出时资本是可以转让的,那么必需的资本量也不是进入壁垒。进退无障碍理论认为,如果没有政府管制这种人为的进入壁垒,沉淀成本就成为自由竞争市场最重要的进入壁垒。沉淀成本是"打了就跑"(hit-and-run)企业的退出成本,也是赔钱经营的在位企业的退出障碍,潜在进入企业在进入时会考虑到这一点。

四、新产业组织学派的进入壁垒理论

20世纪70年代以后,博弈论被引入到产业组织理论的研究之中,企业的策略性行为成为产业组织理论研究的重点,在此基础上进入壁垒理论也有了新的发展。夏洛普(Salop,1979)将进入壁垒划分为"非主动的"(Innocent)进入壁垒和"策略性的"(Strategic)进入壁垒两种类型。非主动的进入壁垒是指企业在追求利润最大化的决策过程中难以避免的、外生的附带效应,而不是特别针对潜在进入企业的行为形成的进入壁垒;而策略性进入壁垒是指在位企业利用自身的在位优势故意制造的、针对潜在进入企业的行为形成的进入壁垒。

(一) 限制性定价阻止进入理论

在面临进入威胁的产业中,索取短期利润最大化价格并不是一个理性在位企业的最佳定价策略①。采取限制性定价策略阻止进入可能实现在位企业的长期利润最大化。限制性定价是一种在位企业试图影响潜在进入企业的未来利润预期,以达到阻止潜在进入目标的价格策略。在位企业的这种限制性

---

①　干春晖:《企业策略性行为研究》,经济管理出版社2005年版。

定价行为,构成了潜在进入者参与市场竞争的进入壁垒。

贝恩(1949)认为,在现实产业中,一个面临潜在进入威胁的在位企业,为了阻止新企业的进入,通常将价格制定在利润最大化水平之下。贝恩(1956)又指出,在"有效遏制进入"的情形下,在位企业牺牲短期利润以遏制进入是值得的。塞洛斯-拉比尼(Sylos and Labini, 1962)在贝恩研究的基础上,提出了著名的"塞洛斯-拉比尼假定",即潜在进入企业预期它的进入不会导致在位企业调整产量水平,进入后的总产量等于新企业的产量与在位企业的产量的总和。马丁(Martin, 1988)认为,限制性价格的高低取决于三个因素:一是市场初始规模,市场规模越大,在位企业就必须维持更高的产量水平才能完全阻止潜在竞争者的进入,限制性价格相对较低;二是进入者的平均成本,潜在竞争者的平均成本越高,则它进入后需要制定的价格就越高,限制性价格也相对较高;三是非价格进入壁垒,非价格进入壁垒越高,则潜在竞争者越难以进入,限制性价格也会相应提高。

卡米恩和施瓦茨(Kamien and Schwarts, 1971)在《限制性定价与不确定性进入》一文中,假定主导企业的当前价格能影响该产业的进入程度,得出两点主要结论:一是主导企业所采取的最佳策略是将价格制定在短期垄断水平之下和能完全遏制进入之上;二是限制性价格随着非价格进入壁垒的下降而下降。巴隆(Baron, 1973)认为,尽管在位企业的限制性定价行为可以降低进入的可能性,但是在位企业的风险偏好不同,对进入概率的估计也不相同,从而确定的最优限制性价格不相同。在其他条件一致的情况下,风险厌恶型在位企业比风险偏好型在位企业会采取更低的限制性价格以降低进入的可能性。德邦特(Debondt, 1976)认为潜在进入企业进入决策与实际进入之间存在时滞,在进入时滞充分长的情况下,即使非价格进入壁垒非常低,最优限制性价格也会定在很高的水平。

20世纪80年代,不完全信息假设被引入限制性定价理论中。米尔格罗姆和罗伯茨(Milgrom and Roberts, 1982)认为,现实经济中的市场信息是不完全的,潜在进入企业并不知道在位企业的成本类型和收益函数,只有一个先验概率进行估计,在博弈过程中不断根据在位企业行动的观察对先验概率进行修正,利用修正后的概率估计在位企业的类型和可能的收益函数,而在位企业通过定价行为向潜在进入者传递它的成本信息,通过影响潜在竞争对手对在位企业成本类型的估计来达到阻止进入的目的①。在米尔格罗姆和罗伯茨的研究基础上,哈灵顿(Harrington, 1985)放松了相关假设条件,他假定潜在进入企业在进入前并不知道自己的成本是多少,而且它的成本与在位企业的成本正相关。哈灵顿得出了与米尔格罗姆和罗伯茨模型相反的结论,他认为,为了遏制进入,在位企业应传递高成本信息,因而应把限制性价格设定在高于短期垄断价格的水平②。高价格表明在位企业的单位生产成本比较高,由于潜在进入企业的成本与在位企业的成本相关性比较强,同样表明潜在进入企业的生产成本比较高,进而预期进入后的利润比较低③。

然而,限制性定价理论却遭到了来自弗里德曼的严厉批评,弗里德曼(Friedman, 1979)指出,在成本和需求等条件是完全信息的情况下,潜在进入企业进行进入决策时,它的进入后利润水平是已知的,进入发生前在位企业的价格和产量水平与进入发生后在位企业的利润没有必然的联系,因此,塞洛斯-拉比尼假定是不可信的,理性的在位企业也不会实施限制性定价的策略性行为。

(二) 掠夺性定价阻止进入理论

掠夺性定价就是作为掠夺者的在位企业制定低于竞争对手成本的价格将竞争对手驱逐出市场并且阻止潜在进入企业的进入。谢勒(Sherer, 1980)认为,一个市场的掠夺性定价可以对潜在竞争者的行为产生影响。

泽尔腾(Selten, 1978)采用博弈论方法研究了在位企业的掠夺性定价行为,即著名的连锁店悖论,即直觉上认为掠夺是理性的,却不符合博弈论方法的逻辑推理。在泽尔腾的模型中,假定在位企业在 N 个相同市场上经营连锁店,每个市场都有一个潜在进入者,每个潜在进入企业贯序决定是否进入市场。泽尔腾认为,在博弈早期,在位企业会采用掠夺定价策略阻止潜在进入者的进入,只有在接近博弈结束时,在位企业才会容纳进入。然而,按照博弈论

---

①　王岚:《网络外部性市场中的技术创新和竞争策略研究》,北京邮电大学 2009 年博士学位论文。

②　干春晖、姚瑜琳:《策略性行为理论研究》,《中国工业经济》2005 年第 11 期。

③　干春晖、刘平:《限制性定价理论研究》,《上海管理科学》2004 年第 3 期。

逻辑逆向推理,掠夺不构成策略均衡,所有的进入都会被容纳。因为最后的进入者知道,如果进入,在位企业容纳严格优于掠夺,假定博弈双方都是理性的,则潜在进入者一定会选择进入,在位企业会一定会选择容纳。同理,进入在每个市场上都会发生。

克瑞普斯和威尔逊(Kreps and Wilson, 1982)引入了不完全信息来解决泽尔腾的"连锁店悖论",他们把在位企业分成两种类型,即弱小型在位企业和强硬型在位企业。对于强硬型在位企业,掠夺的收益大于容纳的收益,潜在竞争者不进入;对于弱小型在位企业,掠夺的收益小于容纳的收益,潜在竞争者进入。然而,问题是进入者不知道面对的在位企业是哪一种类型。他们认为,在博弈早期,弱小的在位企业会打击进入,并伪装成强硬型在位企业,从而使潜在进入者不敢进入。在博弈后期,弱小的在位企业仍然选择打击进入。只有对最后的进入者,弱小的在位企业才会随机选择打击或者容纳。如此一来,即使面对的是弱小的在位企业,进入者也不会进入。

Steizer(1987)认为,公司经理的一些策略性行为可能是为了满足自己利益最大化需求而非公司利润最大化目标,并举例说明了一些掠夺行动并不是基于股东利润最大化,掠夺显然不能实现利润最大化,因而从公司角度而言掠夺是非理性的,但从公司经理的角度而言掠夺是理性的,因为它可以实现公司经理自己职业机会的最大化。Steizer 的观点对解释我国国有垄断企业的策略性行为是非常有益的。

掠夺性定价理论受到了比限制性定价理论更多学者的批评。McGee(1980)认为,由于掠夺方拥有较大的市场份额,从而掠夺者比被掠夺者损失更大。Easterbrook(1981)认为,掠夺成本必须由以后的垄断利润来补偿,然而,由于贴现率和未来垄断利润的不确定性,补偿难以保证,因此掠夺是无利可图的①。

(三) 过剩生产能力形成进入壁垒的理论

F.埃斯波西托和 L.埃斯波西托(F. Esposito and L. Esposito, 1974)发现,有些寡头垄断的行业,如 CR_4 在 40%和 59%之间,与集中度更高或更低的行业

---

① 干春晖、闫星宇:《掠夺性定价理论述评》,《产业经济评论》2003 年第 2 期。

相比较,具有更大的过剩生产能力。斯彭斯(Spence,1977)指出,对于同质产品情形,如果出现了潜在竞争者,在位企业可能会故意承受过剩的生产能力引致的生产成本,造成若进入发生就提高产量、降低成本的可置信威胁,因而可以有效阻止新竞争对手的进入。而迪克西特(Dixit,1980)认为,斯彭斯的结论不是基于合理的均衡概念基础,企业持有过剩生产能力不会出现子博弈精炼纳什均衡。在纳什博弈规则下,在位企业维持过剩生产能力的假定是不可置信的。在位企业作为斯塔克伯格领导者,可以通过对生产能力投资的选择,把均衡维持在有利于自己的水平,在位企业没有必要维持过度的生产能力。然而,随后 Bulow,Geanakoplos 和 Klemperer(1985)的研究认为,迪克西特模型的结论与他关于市场的需求假定有关,即一个厂商的边际收益随另一个厂商产出的增加而下降。如果这一假设条件得不到满足,例如需求的价格弹性不变,那么过剩生产能力可以构成子博弈精炼纳什均衡,迪克西特模型中的在位厂商拥有过剩生产能力是最优的。米尔格罗姆和罗伯茨(1982)考察了不完全信息下的进入阻碍情形,结果有所改变。在不完全信息条件下,潜在竞争者不得不把在位企业的生产能力作为在位者的成本指标,于是在位企业就有动力选择过剩生产能力,部分地是为了给竞争对手提供错误的成本信息[①]。伊顿和威尔(Eaton and Ware,1987)考察了信息充分的寡头垄断市场的进入问题,在他们的模型均衡中,企业不持有过剩的生产能力,只要边际进入者在进入后的古诺均衡中能获得利润,进入就会发生。沃德曼(Waldman,1987)研究了在位企业不能共谋且阻止进入所需投资水平不确定时的寡头企业生产能力投资问题。不确定性会使寡头企业采用“搭便车”策略,进而导致寡头企业阻止进入的投资水平低于仅有一家在位企业时的情形。冯·安杰恩·斯登伯格和(Von Ungern-Sternberg,1988b)指出,阻止进入并不是在位厂商过剩生产能力投资策略的唯一动机。如果在位企业和纵向关联企业具有长期的业务往来,过剩生产能力可以视为企业持续经营的信号。在此情况下,拥有过多的生产能力所获得的收益还包括减少与纵向关联企业之间的交易成本。与此类

---

① 李世新、于左:《垄断产业放松进入规制后的博弈与效率分析——以中国发电市场为例》,《山西财经大学学报》2010 年第 6 期。

似,索伦纳(Saloner,1985)论证了一个主导企业可以通过过剩生产能力来诱使竞争对手减少产出。莫鲁格和施瓦茨(Malueg and Schwartz,1991)则建立了市场容量扩大、进入者最初可以小规模进入时的进入阻止模型,他们证明了当可能发生这种"微小"的进入的时候,现有企业阻止所有进入一般不是最优的。让一些企业进入市场对现有企业来说往往是有利可图的,而这些企业对以后进入的预期反应则是阻止以后的进入①。除了理论研究,一些经济学家在该领域的实证方面也做了大量的工作,以求得更多的经验支持。鲍纳夫(Bourneuf,1964)利用制造业的数据建立了产能与投资的线性回归模型,但由于数据指标的不一致而没有得到一个确定性的结果。海尔克(Hilke,1984)认为,潜在竞争者是否进入市场,主要取决于进入的收益和风险,并建立了进入(E)与利润率(PR)、销售增加额(G)、沉没成本(BE)、过剩生产能力(EX)之间的回归方程:$E = \alpha + \beta_1 PR + \beta_2 G + \beta_3 BE + \beta_4 EX + \varepsilon$,但回归结果并不显著。马森和沙南(Masson and Shaanan,1986)对过剩的生产能力、进入和利润率进行了联立方程组的研究(包含 26 个产业样本),发现虽然过剩的生产能力是无意识形成的,但是过剩的生产能力确实增加了进入壁垒,降低了新进入者的市场份额。他们的研究表明,如果某种程度的市场集中和过剩的生产能力相关,则这种市场集中可能会提高利润率。盖默沃特和凯弗斯(Ghemawat and Caves,1986)利用 PIMS 数据库检验了保持过剩生产能力阻止进入的问题,他们认为,在其他条件相同的情况下,过剩的生产能力阻止进入会造成较低的投资收益率。吉尔伯特和里伯曼(Gilbert and Lieberman,1987)对 24 个化学品寡头市场的生产能力投资做了研究,他们采用一个时间序列模型来估计企业扩大生产能力的概率,这一概率被设定为取决于生产能力利用程度、产品销售增长率、企业生产能力占产业生产能力的份额及其变化和竞争对手扩大生产能力的速度等因素。他们认为,大企业(市场份额大于30%)的投资倾向于维持市场份额不变,进入阻止可能是一种短期而非长期现象。里伯曼(Lieberman,1987b)考察了在位企业对实际进入的投资反应。没有证据表明

---

① 武治国:《技术特征变动下市场结构变迁及企业技术策略性行为研究》,吉林大学 2008 年博士学位论文。

在位企业在进入发生前就维持过剩的生产能力,但他发现,当一家在位企业建立新工厂时,其他在位企业倾向于削减投资,但如果进入者建立新工厂时,在位企业则倾向于加速投资。

五、对进入壁垒理论相关文献的评价

从以上相关文献中可以看出,进入壁垒理论研究的主要问题是:哪些因素导致了一些产业的利润率长期高于其他产业,却没有引发新的企业大规模进入? 很显然,不同学派对这一问题的认识存在着较大的分歧。结构主义学派主要关注于在位企业获得高利润率的市场结构性因素,如规模经济、必要的资本量等,他们认为一些产业的高利润率是由于这些产业所具有的高进入壁垒所造成的,这与他们一贯所坚持的市场结构决定市场绩效的观点的是一致的。结构主义学派所做的实证研究的重点在于分析构成市场进入壁垒的各种结构性因素与利润率之间的关系,这也是结构主义学派的主要研究方法之一。行为主义学派则更加关注于政府行为构成的人为的进入壁垒,他们认为,规模经济不是进入壁垒,政府对自由市场经济的干预是最重要的进入壁垒,因为尽管市场本身也会产生进入壁垒,但它只是短期存在的,从长期看来,市场产生的进入壁垒会自行消失。如果说以上两个学派对进入壁垒的研究侧重于外生性因素,那么新产业组织学派则更侧重于进入壁垒产生的内生性因素,即放松规制后的产业面临新企业的市场进入时,在位企业采取的策略性行为构成的另一种"人为的"进入壁垒。这些"人为的"进入壁垒包括限制性定价、掠夺性定价以及过剩的生产能力等。限制性定价理论认为,在面临潜在进入的产业中,理性的在位企业不应该追求短期利润最大化,而是采取限制性定价策略阻止新的企业进入市场以实现自身的长期利润最大化。在位企业的限制性定价行为构成了新企业参与市场竞争的进入壁垒,而这种进入壁垒的高低取决于市场规模、进入者的平均成本、非价格进入壁垒、进入时滞以及市场信息对称与否。掠夺性定价理论的观点与限制性定价理论相似,都认为在位企业会以定价策略为武器来阻止潜在进入者的进入,但掠夺性定价显然比限制性定价更具有进攻性,所以也遭到了更多经济学家的批评。过剩的生产能力理论认为,在位企业设置的过剩的生产能力对于新的进入者来说也是一种进入壁垒。如

果潜在进入者进入市场,则在位企业可以利用过剩的生产能力降低生产成本和市场价格,从而使新的进入企业无利可图。由于过剩的生产能力是一种沉淀成本和可置信的威胁,潜在进入者看到市场上的过剩生产能力以后就会改变对未来的盈利预期,并选择不进入市场。

第二节　电力市场竞争与规制的文献综述

一、电力市场结构重组

纵向一体化是电力产业最早的一种组织结构安排,成功地在世界各国应用了近百年之久。随着发电技术的进步与经济规模的扩大,对于电力产业组织结构的安排,大多数经济学家认为,电力产业应该实行纵向分离,发电市场与售电市场是可以竞争的,并提出了一些纵向组织模式。Tenenbaum(1992)等人在《电力私有化——结构、竞争和规制的选择》一文中提出了电力市场的四种模式,即传统的发、输、配电垂直一体化模式,发电独立的模式,提供输电服务的模式和发、输、配电完全分离并在零售中引入竞争的模式;Tenenbaum认为,电力市场的模式选择与所有制结构没有必然的联系,要实现电力市场模式的转变,首先要改革产业组织结构和规制结构,而不是实行私有化。Arentsen 和 Kunneke(1996)从新古典经济学和新制度经济学理论出发,对电力市场模式进行了研究,建立了一个全新的电力市场模式概念体系。根据价格、契约和公共权力在电力市场中所起的作用把电力市场分为九种模式,并给出了每种模式的具体特征,通过比较分析得出了英、法、德、荷等国的电力市场模式的类型[①]。Verbruggen(1997)提出了一个适用于欧共体电力市场的标准模式,这一模式充分考虑了欧洲各国电力市场的现状、竞争、规制与环境等方面的因素,合理地兼顾了各利益集团的利益关系,比较适合于欧洲电力市场。Walker 和 Lough(1997)把英国、挪威、阿根廷和智利等四国电力市场的情况与美国进行了比较,认为上述四国的改革模式对美国的电力市场改革只有有限的借鉴作用。Midttum 和 Thomas(1998)从历史和政治的角度对英国和挪威在

---

① 张晓春:《电力产业垄断、竞争和管制理论研究综述》,《经济界》2004 年第 3 期。

电力市场改革中选择不同模式的原因进行了分析,并认为英国模式的问题是过于强调集中和私有化,给予政府规制带来很大的困难,而挪威模式的问题则是发电过于分散且主要由市政部门所有,不利于北欧统一市场的竞争①。Sally Hunt(2002)则把电力产业组织结构模式划分为四种,即垂直一体化模式、单一买方模式、批发竞争模式和零售竞争模式。纵向一体化模式即电力产业价值链所有环节在一个企业内部运行,并受到政府的严格规制;单一买方模式的特点是放松发电侧规制,但独立发电商只能将电卖给市政电力公司,由市政电力公司转售给所有最终用户;批发竞争模式是允许大用户成为电力买方,配电公司对小用户仍实行垄断经营的模式;零售竞争模式则允许所有用户选择供电商。目前,这一模式的划分方法正为学术界所广泛接受。

二、电力市场产权改革

自 1989 年私有化以后,英国电力供给行业经历了一个激进式的转型,主要包括两个方面的内容:一是几乎所有电力公司的私有化;二是市场竞争的引入。所有权变化本身对一个有着 40 多年公共企业历史的产业具有重要影响,而在此之前的 60 年是当地企业家在全国各地出资兴建的小型企业。电力产业在私有化过程中被完全重组。

Branston, Sugden, Valdez 和 Wilson 认为,无论是发达国家还是发展中国家,私有化都是一个重要的具有争议性的问题。然而,私有化的形式是多样的。通过墨西哥电力改革的具体案例,Branston 等人考察了所有权与控制权结构以平衡投资者与公众的利益,并设想通过养老基金实现更广泛的公众直接参与而不是仅仅依靠国际投资者。在英格兰、威尔士、阿根廷、智利、巴西、秘鲁、新西兰和其他一些国家,私有化和高强度激励机制的应用极大提高了劳动生产率和服务质量。在私有化过程中,阿根廷采取了与英国完全不同的方式。英国将原有的中央发电局(CEGB)的发电资产拆分成 3 个公司,后来出现了无休止的市场操纵问题,直到规制机构强迫三大发电公司剥离一些电厂

---

① 扶缚龙:《放松规制条件下电力传输企业的激励规制研究》,中南大学 2008 年博士学位论文。

给其他投资者。而阿根廷在私有化的过程中分别出售每一个发电厂,有效避免了英国私有化过程中出现的供电商滥用市场势力的问题。阿根廷的做法与Sally Hunt 的观点颇为相似,后者认为:在电能市场上,解决供电商滥用市场势力问题的最佳方案,首要条件是要有足够多的供电商。

Radmilo V. Pesic 与 Dianaürge-vorsatz 研究了匈牙利电力体制改革中的经验与教训。他们发现,私人所有权的出现并没有带来期望中效率的提高,尽管持有电力企业大量股权的国外公司具有广泛的需求侧管理(demand-side management,DSM)经验,但是它们并没有参与匈牙利重要的需求侧管理活动。在参考 Pejovich(1990)、Paizs(2000)、Stern 和 Davis(1997)、Ryding(1998)、Clinton 和 Kozloff(1998)等人观点的基础上,Radmilo V. Pesic 和 Dianaürge-vorsatz 总结了匈牙利的电力体制改革,并为转轨经济国家提供了一些经验教训:首先,没有私有化或者所有权结构的改变,就没有内在的改革动力;只要政府同时既是规制者又是所有者,就别指望真正的重组和更好的管理。在政府所有权下,没有利润最大化管理行为的动机,也没有管理方面委托—代理问题的有效解决方式。然而,私有产权本身是不够的,私人所有权加上互补性制度才能带来经济上的成功。除了所有权模式,匈牙利电力供给产业(ESI)重组中的关键因素是为私人投资提供足够保证的法律与规制框架。其次,一定的宏观经济稳定性是必需的,在经济无序、法律缺失的环境下进行电力供给行业的自由化与放松规制是极为不明智的。三是价格改革必须先于自由化与私有化,乌克兰的案例说明,早期引入竞争性电力市场的努力,将不会迫使政府诱导价格上涨与放弃交叉补贴。四是重组成功的前提条件是改革的次序,拆分、完全垄断分解、取消补贴和规制改革应先于私有化。在重组的早期阶段,政府发挥积极作用不仅对经济是必要的,而且对环境目标也是必要的。五是不清晰的规范性规制可能会严重限制改革的收益。在私有化过程之前,需要先制定一个清晰的规制框架,包括对社会与环境目标的规制,如在价格方案中包含需求侧管理的激励措施。

三、发电市场中的市场势力问题

美国联邦能源委员会(FERC)对电力市场势力的定义为:市场势力是市

场中其中一个或多个市场参与者能够操纵市场、抬高市场价格从而获利的能力。市场势力确定的两点要素分别为存在着行使市场势力的行为（容量持留或价格提升）以及由于该行为的行使导致利润的增加。目前电力市场中市场势力的平抑措施有市场准入壁垒的消除、发电公司市场份额的限制、输电网络的增强、鼓励长期合同的设立、允许用户投标加大电力需求弹性以及设定价格上限防止电价飙升等。

所有的重组计划都希望能够鼓励不再受到价格与进入规制的发电部门之间展开竞争，相应地，削弱发电厂商横向市场势力的问题正逐渐受到人们的重视。对横向市场势力的关注在美国政策决策者中不断得到增强，部分原因来自于1990年以来英格兰与威尔士重组中得到的经验，各种研究表明（Green and Newbery, 1992; Newbery, 1995; Wolfram, 1996a, b; Wolak 和 Patrick, 1996; von der Fehr 和 Harbord, 1993），发电市场存在着严重的横向市场势力问题。英格兰与威尔士的市场势力问题是由于撒切尔政府把老的国有发电资产仅分成了三个公司，其中的两个控制了所有的矿物发电厂。一些发电商具有战略区位，有时为了网络可靠性（reliability）必须运行。当发电商得知无论他们的竞标价格是多少，他们都会被网络运营商要求运行以维持可靠度时，他们将提交很高的竞标价格。在英格兰和威尔士，处于战略位置的特定发电厂索要的价格是放松最高限价规制前同类发电商的六倍（Office of Electricity Regulation, 1992）。美国加利福尼亚州电力危机为世界电力体制改革提供了一个很好的反面教材。当时流行的说法是美国多年没有新的发电资产投资造成了电力短缺，后来的研究才发现，当时加利福尼亚州很大一部分装机容量没有被用来发电，一些供应商利用电力短缺的机会从事策略性行为抬高市场价格。至少在2000年夏季，一些发电商利用供电紧张局势实施市场势力（Borenstein, Bushnell 和 Wolak（2002）; Joskow 和 Kahn（2002））。从后来公布的安然与其他公司的通话记录可以获知，在危机期间，他们利用机会阻碍供给、提高市场价格。

随着竞争性批发市场的建立，输电网络阻塞增加，并成为影响电力市场发展的重要因素。输电能力约束是导致电力市场势力的重要原因，即便是很小的发电企业也可能会具有很强的市场势力。上世纪七八十年代以来，输电能力及输电权的安排与电力市场势力的关系成为一些国外学者关注的焦点。Joskow 和 Tirole(1998)在对两节点电网的分析时发现,当发电商与消费者处于竞争性电力市场时,金融输电权不会影响电量分配与消费者支付。然而,当供电商或用户具有市场势力时,金融权利的配置可能会提高市场势力并减少社会福利,尤其是把金融输电权分配给位于电能输入端的、具有市场势力的发电商会提高它的市场操纵力,而把金融输电权分配给位于电能输出端的、具有市场势力的发电商却不会提高市场势力与消费者支付的价格。Joskow 和 Tirole 认为,输电权的配置将通过市场势力影响发电商与消费者的行为。金融输电权与物理输电权都能提高电力卖方或买方的市场势力,然而,物理输电权可以不交给市场,潜在地减少了有效的输电能力并导致无效率。物理输电权在社会福利属性方面不如金融输电权。Gilbert,Neuhoff 和 Newbery 认为,输电合约增加抑或减少市场势力,关键取决于输电权的分配。在一个有效套利的统一价格拍卖中,发电商将只能获得减少它们市场势力的合约。在按报价结算(pay-as-bid)拍卖中,继承或购买合约能够提高市场势力。在两节点情形下,禁止发电商持有输电合约可以减弱市场势力。Sally Hunt 认为,金融输电权避免了物理输电权的市场势力问题。物理输电权最主要的问题是:它有权利排除其他使用输电容量的用户。物理输电权允许市场参与者将某些地区的价格提高到没有竞争性的水平,或者在其他地区通过拒绝它们入网来抑制它们。金融输电权解决了这个问题,因为金融输电权是能够自动进行交易的物理输电权,系统调度机构将金融输电权分配给报价最高的投标者。金融输电权体制不是市场运作的绝对必要条件,但物理输电权体制会导致市场不能运作。Borenstein,Bushnell 与 Stoft 认为,在解除规制的发电市场,输电能力将决定不同地区发电商之间的竞争程度。然而,输电线路在促进竞争中的作用与实际流经线路的电力平衡可能无关。有限的输电能力让(一体化)公司有动机限制(输电)产出以阻塞向其支配地区的输电。结果,较小的输电投资就可以产生巨大的促进竞争的收效。输电约束是电力市场组织结构重组后市场势力问题的核心。在没有输电约束的美国西部地区,任何公司都不太可能有足够的市场势力大幅提升价格。电力市场上竞争性发电商之间的重复博弈,可能会削弱他们之间的竞争,他们之间可以达成更加合作性的结果。这时候,输电线路扩展以及其他弥补市场势力的措施可能就无能为力了。然而,如果市场进入很容易发生,则新发电商的进入能够产生比输电能力扩展更大的竞争效果。Joung,Baldick 和 Son 考察了发电商拥有金融输电权将如何作用于输电线路对竞争的影响,为此他们引入了非对称竞争市场,建立了两种不同形式的金融输电权模型:金融输电权的期权和金融输电权的义务。他们发现,以合适的方式引入金融输电权可以减少为获取全部竞争收益所必需的物理输电能力。在金融输电权所有权的竞争效应中,他们重点分析了金融输电权所有权对两种纯策略均衡的影响,即无约束条件的古诺博弈均衡和被动/主动均衡,并分析了模型的扩展:非对称市场。正如 Borenstein 等(2000)所阐述的那样,获得竞争的全部收益,可以通过提高两个市场间的输电能力得以实现。而在这篇文章中,Joung 等证明了如何分析金融输电权所有权对竞争的影响,通过假设其中一个市场是完全竞争市场,把对称市场模型扩展为非对称市场模型。非对称市场使得市场均衡从无约束条件的古诺均衡改变为被动/主动均衡。通过约束某一个市场是竞争性的,可以得到一个与 Joskow 和 Tirole(2000)相似的结论。而且,从同一模型中还获得了其他结果,其中的一些结果显示金融输电权可以减少企业的市场势力,而 Joskow 和 Tirole 仅得出金融输电权会提高企业市场势力的结论。最后,Joung 等人还指出了未来的研究方向:分析获取金融输电权的动机,以及设立输电服务金融输电权期货的可能性。

美国加利福尼亚州电力危机充分说明了电力市场价格机制设计的重要性。对加利福尼亚州电力危机原因的调查并没有发现电力供应商协调行动抬高价格的行为,事实上,这也是不必要的。通过对电力批发市场企业层面市场势力的测度,Wolak 发现:即使不通过协调行为,电力供应商也能达到大幅提高价格的目的。依据电力供应商向加利福尼亚州独立系统运营商(ISO)提交的实际竞标价格数据,Wolak 计算出了各供应商所面对的事后剩余需求曲线的价格弹性。由于事后剩余需求弹性的倒数可量化供应商在加利福尼亚州实时电力市场上提高价格获得超额利润的程度,Wolak 利用每年(1998 年—2000 年)6 月 1 日至 12 月 30 日企业层面剩余需求弹性倒数的均值来大致测度每个供应商拥有的单边市场势力。结果发现,2000 年单边市场势力远远高于1998年与1999年。Borenstein等人的研究成果也充分支持了这一观点①。Wolak通过一个电力竞争市场的竞价行为模型,描述了利润最大化市场价格的特征。他认为,确认发电商是否拥有市场势力的第一步,是建立一个能够准确描述竞争性发电商最优竞价行为的模型。利用竞价行为模型,Wolak认为,一个公司的对冲合约状态(Hedge Contract Position)对其最优竞价策略和短期提高市场价格的愿望具有极大的影响,如果不知道发电商的对冲合约状态,即使知道其竞价行为,也难以确定发电商是否有能力实施市场势力。

四、电力市场的政府规制

尽管不同的学者对发电市场放松规制的根源认识不同,但大都认为发电市场已经不再是自然垄断性的,放松发电市场的规制能够有效提高电力产业的经济效率。Richard(1995)等人认为,由于技术发展,发电领域已不存在自然垄断性,对它的规制应该逐步取消。然而,Stoft认为电价规制很重要,一方面是由于需求侧缺乏实时报价,对电量的需求不能及时做出反应,所以仅仅依靠市场清算是行不通的。

现代规制理论大体上经历了从服务成本(COS)规制向价格上限规制的过渡。服务成本规制试图促使电价降低到长期运行成本,却消除了成本最小化的所有激励,价格上限规制则必须允许价格高于长期成本以避免供电商意外破产,当然电价将会很高。Stoft认为,有效的竞争性市场需要促使企业实现两个目标,一是价格降至边际成本;二是成本最小化。然而,规制者只能做到其中的一个而不能两者兼顾,规制者面临着进退两难的抉择。因此,通常需要制定一个规则或协定,因为供电商比规制者更了解市场。这一规则或协定是现代规制理论的核心。Marshall,Yawitz和Greenberg研究了需求不确定下的价格规制问题。不确定性使得规制机构在决定企业所有者的收益和能够产生这种收益的一系列价格上产生了极大的困难,传统的价格规制方法不能够获得经济效率目标,规制方式无效的原因在于传统方法中风险测度、收益决定以

---

① 李世新、彭昱:《中国电力消费量影响因素通径关系的实证研究》,《东北财经大学学报》2009年第5期。

及价格设定行为的分离。Michaels 的研究发现,美国电力批发市场的重组产生了两个新的机构,区域输电组织(RTO)市场监管协会(MMI),这两个机构负责监管电力市场的运营。规制机构与外人都会把市场监督协会看作是公正的监督者,监督交易行为以防止市场势力的发生。规制机构通常会质疑监管协会是出于公共利益才成立的解释,这是因为利益集团往往利用政治和规制程序促成监管机构的产生以保护他们的利益。实际上,MMI 是加利福尼亚州电力重组中的几家大的公共事业企业为排挤竞争对手、获得竞争优势而发起的一种战略行为。FERC 应该重新审查它对 MMI 的认可,并考虑集中它们的功能。英国电力市场的实践表明,电力市场需要规制来保证与促进竞争。这意味着电力市场规制制度的重建,即放松一种规制的同时要以加强另一种规制作为前提。也就是说,放松价格规制与进入规制并不意味着没有规制,电力市场需要从直接规制向间接规制过渡。随着电力市场竞争的深入,对电网环节的直接规制应仍然存在,对竞争性的发电环节则需要引入反垄断规制。

第三章　发电市场进入壁垒的
传统理论及测度方法

在这一章中,该研究首先讨论一些进入发电市场的、传统的经济性进入壁垒,然后再介绍规制许可形成的进入壁垒以及构成进入壁垒的各种类型的不确定性,最后讨论一下发电市场进入壁垒的测度方法。

第一节　发电市场进入壁垒的理论研究

一、经济性进入壁垒

传统的经济性市场进入壁垒包括强规模经济性、巨额的资本金要求和较长的建设周期。表3-1显示了12种不同的发电技术—从核电到光伏发电—三种经济特征的信息。

虽然行为主义学派的斯蒂格勒和德姆塞茨都不认为规模经济是一种经济壁垒,但结构主义学派以及后来的研究者都把规模经济作为一种进入壁垒,因此我们仍将考察规模经济在发电市场进入中的壁垒作用。每一种发电技术必需的运行规模如表3-1中第二栏所示。据美国EIA的数据,新的核电机组的有效运行规模(获得容量最小成本必需的规模)为1350MW,足以成为服务任何地理市场的重要新生力量。煤电机组的最优规模约为550—600MW,不到核电机组的一半,但仍然是很可观的。所有的燃气发电机组最优规模比煤电机组小,从160MW至400MW不等。大多数其他发电技术的有效运行规模相对较小,分布式发电的有效运行规模只有1MW。这些数据表明,为获取最小单位成本,燃煤发电厂和核能发电厂都必须具备一定的规模。这类发电企业的进入对进入后的市场价格将产生重大影响,投资者必然会认真评估在不过度降低价格的情况下,市场吸收大量的新增装机容量的能力。由于燃气和其他能源发电的有效运行规模较小,新增装机容量对市场价格的影响相对较少。因此,这类发电企业更有可能容易地进入市场而不会引起价格波动过大,除非它们同时进入市场。表3-1中第三栏列举了每一种发电技术的建设周期长度。工厂建设最短需要两年时间,这显然与"快速"进入不一致,因而不是可竞争性市场。大规模运行的发电技术需要较长的建设时间,燃气发电一般需要三年,燃煤发电需要四年,核电需要六年。由于未来几年后发电厂实际运行时的市场需求状况是不确定的,这么长的建设周期(尤其是煤电和核电)提高了新建发电厂的风险。项目所需资金进一步延长了建设周期。必要的项目融资少则六个月,多则两年。后者意味着从融资到电厂建设完成,达到规模经济的煤电和核电需要长达六至八年的时间。表3-1中第四栏列举了每种发电技术的总资本成本估计值。有形工厂最优规模的资本成本可以计算出来,然后根据地域工资差异等一系列因素进行调整。例如,一个有效规模的核发电厂的总成本大约是28亿美元,是燃煤发电厂资本成本7.7亿美元的几乎4倍。一个有效规模的燃气发电厂总成本估计是2.25亿美元。表3-1中第五栏,通过有效工厂的装机容量划分了资本成本,给出了每千瓦新增容量的资本成本。核电、光伏发电和特定类型的燃煤发电的单位机组资本成本较高。

　　就许多发电技术而言,这些传统的经济性壁垒是相当大的。核电厂规模较大而且成本高昂,需要很长的建设周期。燃气发电的资本成本和有效规模比较适中。燃煤发电厂处于核电和燃气发电中间。水电要求相当大的资本和建设周期,而风电是资本密集型的,建设周期却很短。发电项目投资少则几亿、几十亿,多则几百亿甚至几千亿,如长江三峡水电项目总投资达两千多亿,这还不包括生态环境破坏带来的隐性成本。巨大的资本需求令一般的投资者望而却步,这显然对市场竞争者的参与构成了一种进入壁垒,限制了市场竞争的程度。

　　还有两个因素可能进一步阻止进入。在一些情况下,为了确保接入,进入发电市场可能要求新的输电设施,甚至新的配电厂。在某种程度上,进入发电市场还要求投资于这些相关活动,进入壁垒相应地就更大了:进入发电市场和输电市场"两个市场"要求更多的资本和更多的专业知识以及更长的建设周期。

还有一个复杂的因素是在位企业的某种绝对成本优势。在位企业的发电厂经常占据最优的位置，由于环境、规制和其他原因，这是潜在进入者无法复制的。在位企业的成本和进入者为获得一个具有竞争力的位置必须支付的成本之间的差异给在位企业带来了持续的优势和利润。例如，水电实质上属于资源性行业，不仅投资额巨大、建设周期长，而且河流湖泊是有限的，竞争的关键在于"圈资源"。然而，目前国有大型发电集团基本上已经垄断了主要水能资源地，其他企业很难进入这些领域。目前对于民营和外资水电企业，国家只是表示要有限度的培育他们参与行业竞争，而事实上，从短期甚至在中期来看，无助于改变当前的国有垄断格局；小水电数量虽然庞大，但是大部分都是农村小水电，用以满足边远地区供电需求和农业发展需要，这些企业只是在低层面平台上展开竞争，缺乏持续发展和壮大的潜力。与水电领域的潜在进入者相比，在位的大型水电企业具有绝对的成本优势，而这种成本优势是新的进入企业无法复制的。

随着发电技术的发展，发电业务的规模经济有所变化，一些小型机组的发电成本已大大降低，如燃气发电技术、燃气蒸汽联合发电技术等使小型发电机的发电效率可以与大型发电机组的发电效率相媲美，例如目前许多国家采用的燃气蒸汽联合循环技术（combined-cycle gas turbine，CCGT）的最小有效规模已经下降到了 20 万千瓦，这就极大地减弱了发电领域的规模经济性。新技术的快速发展使得发电市场的技术和资金进入壁垒不断降低，新的企业开始进入发电领域。

表 3-1　不同发电技术的规模与成本特征

发电技术	规模（百万千瓦）	建设周期（年）	总资本成本（百万美元）	单位资本成本（美元/千瓦）
核电	1350	6	2809	2081
煤电	600	4	774	1290
一体化煤—气联合循环	550	4	820	1491
高级气/油联合循环	400	3	238	594

续表

发电技术	规模 （百万千瓦）	建设周期 （年）	总资本成本 （百万美元）	单位资本成本 （美元/千瓦）
传统水电	500	4	750	1500
太阳热能	100	3	315	3149
生物质发电	80	4	150	1869
地热发电	50	4	94	1880
风电	50	3	60	1206
光伏发电	5	2	24	4751
分布式发电—基荷	2	3	2	859
分布式发电—峰荷	1	2	2	1032

资料来源：EIA，Electricity Module，p.77。

二、政府规制形成的进入壁垒

到目前为止，政府规制形成的进入壁垒仍然是发电市场进入壁垒主要成因之一。在中国，新的发电项目首先要得到地方政府的支持，发展与改革委员会的审批，还需要得到中国电力监督委员会颁发的生产许可证。与其他因素相比，政府规制形成的进入壁垒具有相当大的弹性，政府往往根据电力需求侧的负荷变化相应地调整发电市场的准入政策。1985 年之前，政府对发电市场实行严格的市场准入规制，禁止地方及其他非中央资金进入电力产业，造成了电力建设资金不足和长期缺电的局面。从 1985 年开始，为了缓解电源建设与电力需求之间的矛盾，国家出台了"集资办电"与"还本付息"政策，形成多家办电的局面。1988 年政府批准在全国范围内对企业用户每度电征收 2 分钱作为地方电力建设资金，极大地调动了地方电力建设的积极性，全国的缺电局面得到极大缓解①。1985 年—1997 年间，我国发电市场总体表现为电力供给不足，因此在这段时间内，发电市场的政策性进入壁垒主要体现在必要的资本量上，政府的市场准入政策相对宽松，即政府规制形成的市场进入壁垒比较低。1997 年亚洲金融危机以后，我国电力市场的供需关系发生了变化，总体

---

① 张新华：《电力市场中发电市场结构与企业竞价行为研究》，重庆大学 2004 年博士学位论文。

上表现为供大于求,一些地方甚至出现了大量发电机组闲置的现象。各级政府在电力产业方面的工作重心由如何促进电源建设转向了如何刺激电力需求。政府对发电产业的进入规制非常的严格,尚未开工的电力建设项目几乎不予批准,即使有巨额的资本想进入发电市场,政府一般也是不予立项的。因此,在这一阶段,政府规制形成的政策性进入壁垒是非常高的。2002 年夏天,我国局部地区出现了结构性或季节性缺电,2003 年又发生了全国 19 个省市的严重"电荒",引起了我国中央政府与地方各级政府的重视,发电市场的政策性进入壁垒又开始下降,全国各地纷纷上马建设新的发电厂[①]。由于在目前及未来的十年里,我国都处于经济的高速发展阶段,电力需求将保持较快增长势头,而且与发达国家相比,我国人均用电量水平还比较低,以及建立竞争性电力市场的要求等因素,政府的市场准入规制总体上将保持一个比较低的水平,政策性准入壁垒可能会逐渐降低,政府规制方式也会发生变化,由以经济性规制为主向以社会性规制为主的转变。

与获得政府进入规制许可相关的成本和审批拖延,也会增加市场进入的难度。美国审计署(GAO,2002)的一份报告比较了加利福尼亚、宾法尼亚和得克萨斯州新发电厂审批程序,美国审计署的报告得出结论,这个三州具有相似的审批程序:在发出必要的许可前,州和地方机构评估申请的环境、土地使用和其他要求。加州增加了一个评估过程,因为加州能源委员会需要确定新增电厂带来的利益超出环境与其他成本。美国审计署收集了这三个州 1995至 2001 年间所有新电厂审批时滞的数据。如表 3 所示,加州和宾法尼亚州审批过程平均花费 14 个月,得克萨斯州 8 个月。这种差异的主要原因好像是,加州和宾法尼亚州新建电厂所在地区空气质量没有达到州标准,而得克萨斯州的新建电厂恰好相反。结果,加州和宾法尼亚州 60% 以上的新建电厂被要求安装更加先进的污染控制设备,而得州只有 18% 的新建电厂被要求这样。在总结中,审计署的数据表明,加州的审批过程与其他州相比没有什么差异。在审批时间上,真正的差异是因为空气质量。另外,新的发电企业接入电网是一件成本高昂的事情。得州要求一个新发电厂只需支付直接的联网成本,然

---

① 唐昭霞:《中国电力市场结构规制改革研究》,西南财经大学 2008 年博士学位论文。

而加州和宾州要求新发电厂支付因新增负荷带来的输电系统升级费用。在得州,升级费用由消费者支付。在审计署研究报告中,方便进入的另一个因素是标准合同的使用。这比没有标准合同的州节省了一半的时间。还有更多的关于互联成本的数据强调其潜在重要性。发电厂商的总接入成本包括:输电或配电线路,变压器,保护设备,子电站(substations),变电站(switching stations)和其他必要的互联设备。有一点是显然的,这些成本不是微不足道的,在2005年和2006年超过了5亿美元。德克萨斯州补偿这些成本的方法使得该州对于新进入者进入发电市场的成本相对较低。

最后需要提到的是,对于不同的发电技术,政府的准入规制政策是有差异的。在所有的发电技术中,政府对核电设置的进入门槛的几乎是最高。根据2004年发布的《国务院关于投资体制改革的决定》(国发[2004]20号)的有关规定,对于核电项目由原来的政府审批制改为了现在的核准制,由国家发展和改革委员会负责审查其项目申请报告,并报国务院核准。核电建设项目在报送国务院核准前,建设单位必须首先取得政府有关部门的批复,其中包括国家环境保护总局和国家核安全局的核电厂厂址选择审查意见书以及选址阶段核电厂环境影响报告书的批复。国家核安全局对核电厂选址、建造、首次装料、运行以及退役等各阶段的安全工作进行审评和监督,颁发相应的许可证件或批准文件,并实施驻厂监督;国家环境保护总局对环境影响报告书等进行审查。目前,我国核电厂主要由国有大型发电企业集团所拥有,或者中外合资建设,民营资本尚无进入核电市场的先例。相对于核电,中央政府对水电市场的进入规制相对宽松,从而吸引了一批民营资本的进入,如上市公司梅雁水电等。我国水电具有两头大、中间小的结构特征,这是由于水电行业投入较大以及国家政策偏斜造成的。由于小型水电主要用以满足边远地区供电需求和农业发展需要,调节能力要求不高,因此项目进入壁垒较低,投入也较小,竞争较为激烈;而大型水电项目需要建设大坝,涉及国家安全且对资金和跨地区协调能力要求较强,因此政策限制比较多,政策性进入壁垒较高,大型水电项目基本上被国有大型发电集团所垄断,其他资本很难进入这些领域。特别是从20世纪80年代开始,我国水电开发逐渐明确了大型水电企业发展战略,提出水电开发的“流域、梯级、滚动”的发展方针,更进一强化了国有大型电力集团的优势。而对于火电项目,由于涉及节能减排问题,政府对新的火电项目的进入规制重点主要放在了环境规制方面。2006 年出台的"十一五规划纲要"中指出,要以大型高效环保机组为重点优化发展火电,加快淘汰落后的小火电机组①;2007 年进一步出台了一系列针对火电企业节能环保的规制政策(如表3-2)。在所有的发电技术中,新能源发电的政府进入规制政策可能是最低的了。由于新能源发电(如风电、太阳能发电等)具有节能环保的特点,符合国家能源产业政策的发展方向,政府几乎是以一种大力支持与鼓励的姿态对待外部资本进入的,如对新能源发电项目进行政策性补贴和提供融资帮助、规定国家电网公司必须购买新能源发电厂商生产的电力等措施来促进新能源发电技术的进步和市场份额的扩大。然而,由于新能源发电的生产成本比较高、缺乏必要的输电线路等原因,有关专家认为,风电等一些新能源发电项目更像是一种政府的形象工程。

表 3-2　2007 年中国政府出台的火电规制政策

颁布时间	政策名称或举措	核心思想
2007.1	《关于加快关停小火电机组的若干意见》	节能环保、结构调整
2007.3	《现有燃煤电厂二氧化硫治理"十一五"规划》	环保
2007.4	《关于降低小火电机组上网电价促进小火电机组关停的通知》	节能环保、结构调整
2007.5	《燃煤发电机组脱硫电价及脱硫设施运行管理办法(试行)》	环保
2007.8	《节能发电调度办法(试行)》	节能环保、结构调整

资料来源:世经未来整理

　　除了以上这些具体的规制问题,一些地方政府对在其境内新建电厂显示出大不相同的兴趣。那些表达出环境保护意愿的地方政府不太愿意接受新的发电企业进入其发电市场,这种地方政府的偏好也构成了发电市场的进入壁垒。

---

① 杜鹏:《浅析"十一五"电源建设资金问题》,《电力技术经济》2006 年第 3 期。

三、需求和成本不确定性形成的进入壁垒

原则上,任何项目的资本投资决策都是简单明了的:最初的项目成本与预期的收益流相比较,以及计算出的项目预期利润和投资收益。但是某些投资项目的评估过程是相当复杂的。毫无疑问,建设周期非常长的投资项目需要负担未来市场波动带来的经营风险,也就是说,未来的市场状况和项目产出价格的不确定性将影响投资项目的回报水平。由于未来投入品价格的不确定性,那些严重依赖某种特定投入品的项目会具有相当大的成本风险,从而影响到该项目的投资净收益。与其他情况一样,投资者往往厌恶这种不确定性,并且会要求对这种高风险的投资项目得到额外的收益补偿。

由于建设周期长,新的发电项目往往负担着较大的需求和成本不确定性。相关的建造周期包括三部分。前两部分反映出刚才所提到的建造和取得规制机构批准形成的时滞,都会把收益期向后推迟好几年的时间。此外,核电机组和煤电机组 20—40 年的生命周期意味着,即使在收益开始产生以后,整个的实现过程也是一个十分漫长的过程。实际上,一些发电厂的投资者进行的是一场赌博,赌的是未来 30—40 年的需求和成本状况能够证明当初的投资决策是正确的。

如果资本投资并不是完全沉没的,而是可以在其他用途上被再次利用,这在一定程度上可以削弱这些不确定性。如果完全可替代,即使很长的建设周期也不是进入壁垒。然而,就发电市场而言,成本几乎是完全沉没的,从而加重了投资内在的不确定性和投资风险。例如,核电机组具有相当长的生命周期,大量沉没的资本成本暴露在市场风险之下;燃煤机组也具有类似的市场风险,燃气机组具有相对较短的生命周期和较低的资本成本,但燃料成本相对较高,燃料成本大幅上涨的风险可能会使一个新发电厂的生产过程入不敷出,陷入完全不经济的尴尬境地。例如,2003 年以后,中国发电市场火电装机容量迅速上升,华电集团火电装机容量占总装机容量的比重由 74%上升到 2007 年的 87%,然而,在 2007 年,电煤价格大幅上涨,造成"面粉比面包还要贵"的局面,火电机组开工率严重不足,年利用小时数大幅下降。到了 2008 年,又发生了经济危机,电力的市场需求快速下降,发电企业的成本飙升问题还没有解决,市场需求的低迷给这些发电企业的生产活动雪上加霜。这些因素都构成

了发电市场的进入壁垒,由于退出渠道不畅,无论是燃煤机组还是燃气机组都没有使所投资的资本免遭需求和成本波动风险的替代用途。就水电和风电项目而言,风险来自于对有利气象条件的依赖。如果发生干旱没有雨水或者没有风,水电机组和风电机组就不能正常运转。例如,2010年上半年,中国西南地区发生重大的干旱灾害,云南等省份的水电站因上游来水不足而造成发电机组无法正常运行,利润水平大幅下降。

因而,每一种发电技术都体现出某种市场风险和成本风险的结合,对此投资者要求得到一定的风险补偿。在传统的成本服务规制方式下,采取了对公共事业企业债券和股票持有人进行确定性收益的形式进行补偿。这种风险被有效地强加在纳税人身上。经常被归因于重组的一个好处是,这种风险将以更有效率的方式进行配置。这将把更多的风险转移到投资者身上,而不是给予所有的投资相同回报的规制方式。

四、其他的不确定性形成的进入壁垒

来自各方面的不确定性都会影响到发电市场的运行和定价。在这里,我们讨论几种其他类型的发电市场可能出现的不确定性,这些不确定性可归结为四种类型:

(一) 规制政策的不确定性

政府的电力规制机构经常改变发电市场的运行规则甚至价格。未来规制政策毫无预期的变化会改变投资项目的收益流,给补偿最初成本的预期增加很大的不确定性。然而,规制机构的这种行为也许是可取的,甚至是非常必要的,却给投资者增加了额外的成本。为此,投资者可能会选择等待市场规制变革期过后再进行投资。

规制政策影响投资者收益预期的一个例子是对竞价上网制定的最高限价。这种竞标限价可能有助于削弱市场势力,但这种政府的经济规制行为也武断地消除了合理的市场高价,即正确反映市场短暂性供不应求的价格。竞标限价减少了投资者的收益流,使总的投资回报不足。还有一个例子是规制机构的价格刚性。世界上很多国家的电力价格是由政府规制机构直接制定的,由于电力产品属于共用品,具有基础设施的属性,价格具有非常大的刚性。

然而,由于发电原料——煤炭、天然气等投入品的价格随市场波动而波动,给发电厂商的利润带来了相当大的不确定性。另外,有时候政府甚至会为了防止CPI的继续上涨而牺牲发电厂商的利益,长期不调整电价,造成发电厂商"生不如死",明明亏损却又不能停止发电,只能亏损经营。

(二)环境政策不确定性

近年来,人们对"温室效应"带来的全球环境问题给予了越来越多的关注,而政府对燃煤发电厂造成的环境问题的关注,极大地增加了这些发电厂的不确定性。随着国家层面最高排放标准的开始实施,政府减少温室气体排放的要求在近几年以及未来几年越来越强烈,这显然对建设新的燃煤电厂十分不利,并且已经降低了投资者对建立新的燃煤发电厂的热情。就目前而言,具体的控制水平以及对电厂建设和运行成本的影响还是个未知数,但是估计可能是相当巨大的。预期到这些环境政策的不确定性因素,新的燃煤发电厂的投资资本正变得更加难以获得。

对燃煤发电厂温室气体排放的关注已经重新引发了对新能源发电方式如风电、光伏发电和核电等的兴趣。尽管核电厂不会产生温室气体,但是核电厂的运行会产生其他问题如安全问题,一是核电厂运行本身的安全性,二是核废料的处理。根据过去的经验,与核电厂运行相关的危险性表现出很小的概率,但仍然是一个具有非常巨大的灾难性后果的问题。这些问题和其他的诸如技术方面的一些原因造成中国在很长的一段时期里,政府表现出相当大的谨慎性,投资建设核电厂的速度非常缓慢,核电占总发电来源的比重远远低于世界平均水平,为1.2%左右(2007年数据)。

(三)供应商违约的不确定性

在传统的"还本付息"即成本服务规制方式下,垂直一体化的公共事业企业其实是与政府规制机构签订了一个规制契约。规制机构将确保完全补偿其全部支出,在此基础上给予一个收益附加,以获取公共事业企业承担一个明确的服务责任。后者被看作是公共事业企业对当前和未来服务的承诺,受规制的公共事业企业应该保证最大努力地尽到义务。

纵向拆分和独立发电部门的发展已经深刻改变了这种结构和市场行为。配电企业或者未来新的零售供电部门应该向最终消费者提供电力,但是它们并不拥有电力。相反,它们必须通过和放松规制的发电厂商签订用电合约以保证市场供应。发电厂商与负荷服务企业之间只是合约关系,它们的义务受到合约条款的约束。如果违约处罚的成本小于违约带来的收益,则供应商可以理性地违约。基于某种利润最大化的考虑,它们甚至可以宣布破产。相对于规制和垂直一体化整合,这些策略增加了发电厂商和投资者之间交易的不确定性。

(4)输电能力的不确定性。前面已经提到,新的发电厂商面临着包括未来需求的市场不确定性。除此以外,发电厂商还必须确保有足够的输电能力把自己发出的电输送到目标购买者那里。输电能力约束存在的可能性和被拒绝接入电网的后果,组成了发电厂商的另一个不确定因素。由于输电阻塞和策略性行为等原因,这种不确定性可能会对发电厂商的经营产生十分不利的后果。

在过去的几年里,输电网阻塞呈递增趋势。逐渐递增的输电失负荷(load relief)和阻塞成本可以证明这一点。对新输电能力的投资已经基本停滞,增加了未来几年输电能力难有改善甚至进一步恶化的预期。面对未来输电问题的不确定性,新的发电厂商将会把这种产出可能无法找到最佳市场的风险考虑进来。投资这样一个发电厂将要求补偿输电约束带来的风险。

当然,对输电能力的关注要大于对准备进入市场的更大发电机组的关注,这很可能使发电决策偏离最优有效规模的选择。另外,设计新的输电扩展来减轻输电阻塞,这需要很长的建设周期。建造和申批新的输电项目可能需要5—10年的时间,在某些情况甚至根本不可能发生。因此,发电投资可能取决于建造充足输电能力的持续努力。这些因素增加了发电厂商的不确定性,使发电领域对普通投资者不再具有投资吸引力。

五、电力合约缺陷形成的进入壁垒

尽管存在市场需求、电力价格、投入品成本和政府规制政策上等诸多不确定性,原则上,只要买卖双方能够就交易价格(应当包含一个较长的建设周期和众多不确定性的投资风险溢价)和其他合约条款达成一致,那么新的发电市场应该仍然能够充分发挥其应有的功能。

然而,事实上,发电环节的长期合约市场可能是一个例外。相对于其他同样存在大量不确定性的市场,发电市场正处于一个发展的早期阶段,这将导致市场信息的不充分,转而又会导致更高的风险溢价或者市场狭小甚至消失。相比之下,因为具有很长的发展历史,其他市场可以更好地处理长期合约中的不确定性,吸引到足够多的资本并且正常运行。

由于允许消费者转换供电商,所以每一个发电厂商和供应商面临未来负荷更大的不确定性。相应地,通过从市场的物理运行中分离出风险,市场结构重组可能打乱了原来一体化时期的、有效的服务束,从而导致了更高的总成本。

无论具体原因是什么,即使可以得到风险溢价,投资者仍然会对是否建设新的发电项目举棋不定。有一个事实可以证明这一点,那就是现在对投资者具有吸引力的发电厂似乎是地方政府拥有的发电企业和受到政府财政与政策支持的新能源发电企业,前一种类型的企业可以基于当地负荷确保长期的电力需求,而后一种类型的企业不仅可以确保发电出来的电力能够以合理的价格被政府收购,并且受政策保护得到优先调度。相比之下,不受政策保护的一些火力发电厂不能向投资者提供相同的确定性程度,因此必须支付风险溢价来吸引投资者参与新的燃料发电厂的投资建设。

第二节　市场进入壁垒的传统测度方法

测度发电市场进入壁垒的方法,与测度其他市场进入壁垒的方法基本相同,具体来说,大致可以划分为直接测度发电市场进入壁垒的方法和间接测度发电市场进入壁垒的方法两种。

一、直接测度进入壁垒的方法
(一) 根据进入阻止价格的水平确定产业进入障碍程度
美国学者贝恩曾根据该标准对产业的进入障碍类型作了划分:

高度进入障碍产业:当销售价格比平均费用(包括平均利润)高10%时,新厂商难以进入的产业。

较高进入障碍产业:当销售价格比平均费用高 6—8% 时,新厂商仍难以进入的产业。

中等进入障碍产业:当销售价格比平均费用高 4% 左右时,新厂商仍难以进入的产业。

低度进入障碍产业:当销售价格高于平均费用 2% 以内时,新厂商较容易进入的产业。

（二）根据规模经济障碍的高低来说明产业进入障碍水平

计算公式为:

d=最优规模/市场容量×100%

一般划分为:

d 为 10%—25% 时,该产业为高度规模经济障碍;

d 为 5%—9% 时,该产业为较高规模经济障碍;

d 为 5% 以下时,该产业为中等或较低程度的规模经济障碍。

d 是厂商最优规模占市场总容量的比重,市场总容量既定时,d 越大,说明厂商最优规模越大,因而从规模经济角度考察的进入障碍也就越大[①]。

（三）奥尔（Orr）的定量测度方法

奥尔（Orr,1974）采用一般的进入分析范式,构造出进入和影响进入的因素之间的函数关系式并在对 71 个产业进行回归分析的基础上得出一个经验公式,然后截取其中认为是进入壁垒要素的 5 项构成进入壁垒高度的经验公式:

$$I_i = 0.24\log K_i - 0.13A_i - 0.7R_i - 0.08r_i - 0.89G_i$$

其中:K_i 是最小有效规模资本量

A_i 是广告密集度

R_i 是研究和开发密度

r_i 是风险或者标准差

G_i 是第 i 个产业

---

① 邵正光、陈俐艳:《黑龙江省服务业市场进入壁垒浅析》,《宏观经济研究》2004 年第 11 期。

最后,奥尔构造了一个新的变量:

$$B_i = \lambda - I_i$$

其中,λ 为使 B_i 等于零的常数。这样得出的 B_i 就是奥尔的进入壁垒指数。根据 B_i 值,奥尔将进入壁垒分为三类,即进入壁垒最高的产业,进入壁垒最低的产业和进入壁垒中等的产业,其中进入壁垒最高的产业 B 值为 0.40—2.36。

二、间接测度进入壁垒的方法

从传统的结构主义学派的角度来看,进入壁垒决定了市场结构,同时也决定了市场行为和市场绩效,因此,一些结构指标和绩效指标可以作为度量进入壁垒的一种间接方法。

（一）勒纳指数: $L = \dfrac{p - c}{p} = \dfrac{1}{|\varepsilon|}$

勒纳指数一般用来衡量企业获取超额利润的能力和市场势力的大小,同时也间接反映了市场进入壁垒的高低。对于勒纳指数较高的市场,进入壁垒也会比较高,外部资本难以进入,在位垄断企业可以长期维持其超额利润;相反,勒纳指数较低的市场,进入壁垒也比较低,在位企业无法阻止外部资本的进入,因而难以长期把价格定在超出边际成本的位置。

（二）市场集中度: CR_n 、HHI 、熵指数

1. CR_n

若以 s_i 表示厂商 i 占有的市场份额,则:

$$CR_n = \sum_{i=1}^{n} s_i$$

即前 n 家最大企业的市场份额的总和。CR_n 在一定程度上反映了市场结构的数字特征,CR_n 越高的市场往往可以反映出该市场的进入壁垒较高,反则反是。

2. HHI 指数

赫芬达尔-赫希曼指数（HHI）与 CR_n 类似,也是一种测度市场集中度的方法,并被发达国家反垄断部门广泛应用。如果仍以 s_i 表示厂商 i 占有的市

场份额,则:

$$HHI = \sum_{i}^{N} s_i^2$$

HHI 指数相对于 CR_n 更能反映出企业规模的分布状况,也是一种测度进入壁垒的间接指标。

3. 熵指数(Entropy index)

熵指数的概念来源于信息经济学,表达式为:

$$E = - \sum_{i=1}^{N} s_i ln s_i$$

若所有的公司具有相同的市场份额,则 E = InN,若只有一家公司垄断着整个市场,则 E 二 0。用熵指数来测度市场集中度时,实际上是将较高的权重给了较小规模的公司。E 的值减小意味着集中度有所提高,即各家公司所占市场份额的不均衡程度有所加剧。熵指数和 HHI 指数都是致力于衡量市场集中度是提高了还是下降了,但在提高和下降的程度上二者的结论并不完全一致①。

然而,需要指出的是,在利用这些方法测度发电市场的进入壁垒时,必须准确地界定发电市场的竞争范围,否则就会造成较大的偏差,使测度结果对发电市场的竞争状况毫无指导意义。

---

① 赵桂芹:《我国财产险市场各险种的市场集中度分析》,《云南财贸学院学报》2006 年第 1 期。

第四章　发电市场内生性进入壁垒的形成机理

　　这部分内容首先研究了对称边际成本和非对称边际成本条件下的古诺模型,得出的结论是,边际成本与寡头企业均衡产出负相关,即边际成本越高的寡头企业均衡产出越小,边际成本越低的寡头企业均衡产出越大。然后,结合实际市场结构状况,研究了发电市场多领导者企业、多跟随者企业的扩展型斯塔克伯格模型,求得非对称成本条件下的一般斯塔克伯格-纳什-古诺(GSNC)均衡解,并分析了新企业的进入对在位企业利润的影响。进一步地,通过在位领导者企业和在位跟随者企业阻止新的竞争对手进入市场的静态博弈,证明了在阻止新的进入方面,领导者企业主动承担阻止新企业进入的责任,跟随者企业选择等待"搭便车"的均衡策略组合。在此基础上,本部分内容最后研究了领导者企业与潜在进入者之间的动态产能博弈模型,证明了子博弈精炼纳什均衡解的存在或者在位垄断企业利用过剩装机容量(access capacity)策略性地阻止潜在进入者进入市场的可能性。

第一节　寡头发电企业间产量博弈的"古诺悖论"

一、经典的 N-Cournot 博弈

　　在过去的几十年间,全世界的电力市场都经历了重大变革。放松规制,打破垂直一体化的垄断模式,开放发电市场并引入竞争机制以期降低电力价格。1978 年以前,中国电力市场总体规模偏小①,发电厂和输配电网都是国有国

---

① 1978 年,全国电力装机总量只有 5712 万千瓦,仅相当于 2007 年全国新增机组的一半左右;全社会一年的用电量仅 2566 亿千瓦时,相当于 2007 年山东省一年的用电量。

营,由政府投资建设并垂直一体化垄断经营。电力产业的市场准入受到政府的严格规制,实行高度集中的统一计划管理。随着电力市场规模的扩大和发电技术的进步,发电企业的规模经济性越来越不明显,市场准入规制反而成为阻碍电源建设的政策壁垒,阶段性的大面积缺电甚至影响到了整个工业生产能力的发挥。为了缓解长期的电力紧张局面、减少电源性缺电,政府开始放开市场准入,允许外资、民间资本进入发电市场,1982年龙口电厂集资办电引入集体所有制成分,1985年政府出台吸引民营资本和国外资本进入的政策,同年中外合资建设了沙角B厂和大亚湾核电站,发电市场的政策性壁垒被拆除。经过多年的电力体制改革,中国电力产业发电环节已基本实现市场主体多元化。

国内外对发电市场竞争的研究主要有古诺模型、伯川德模型、供应函数模型等。Tishler, Newman, Spekterman(2008)使用古诺模型分析了以色列电力体制改革的效果;Nam-sung Aha, Victor Niemeyer(2007)使用古诺模型研究了韩国电价的变化;Carcia与Arbelaez(2002)用动态古诺模型分析了美国哥伦比亚电力市场的市场势力问题。国内学者方面,丁乐群和汪洋(2006)应用古诺模型分析发电商的策略行为;袁智强,侯志俭,蒋传文和邰能灵(2003)利用古诺模型来模拟发电商的策略行为,并通过简单算例的结果分析了不完全的成本信息对市场均衡状态的影响;何怡刚,李刚(2007)以寡头市场为基础,分别以发电量和上网报价作为发电商的决策变量,构建出相应的古诺和伯川德模型,对发电商之间的博弈行为进行了分析;发电企业的生产能力博弈具有代表性的观点是叶泽(2004)在《电力竞争》中提出的古诺模型的应用,叶泽认为,相对价格决策而言,生产能力和产量决策是长期决策,调整产量和生产能力要比调整价格困难得多,企业因此应该先决定生产能力和产量,再决定价格,这种情况就需要应用古诺模型进行解释。郑振浩,王先甲和王建军(2006)也认为发电企业之间的生产能力博弈应该用古诺模型来解释,这是由于发电企业的主要问题是生产能力难以调整,生产能力决策和产量决策一般是长期变量,而价格是短期变量,古诺模型相对而言更接近真实的竞争状况。

根据张明善、唐小我(2002)对多个生产商下的动态古诺模型的研究,在 n 个厂商条件下的动态古诺模型的均衡解只与厂商数目 n 和市场容量 d 有关,且各个厂商的均衡产量均为 $d/(n+1)$，即都为市场容量的 $1/(n+1)$。他们考虑了一个具有 5 个生产厂商的古诺模型，设市场容量 d 为单位 1，厂商 i 第 m 次调整后的产量记为 $Q_i(m)$，$i=1,\cdots,5$。假设第 1 个厂商进入市场时的产量为 $Q_1(1)=0.5$，则各厂商的产量变化如表 4-1 所示。

表 4-1　5 个厂商古诺模型产量变化

m	$Q_1(m)$	$Q_2(m)$	$Q_3(m)$	$Q_4(m)$	$Q_5(m)$
1	0.500000	0.250000	0.125000	0.062500	0.031250
2	0.265625	0.257813	0.191406	0.126953	0.079102
3	0.172363	0.215088	0.203247	0.165100	0.122101
4	0.147232	0.181160	0.192204	0.178658	0.150376
5	0.148804	0.164982	0.178593	0.178623	0.164499
6	0.156652	0.160817	0.169705	0.174164	0.169331
7	0.162992	0.161904	0.165805	0.169984	0.169658
…					
∞	0.166667	0.166667	0.166667	0.166667	0.166667

从表 4-1 可以看出，当进行到第 7 次产量调整时，各厂商的产量 $Q_i(7)$ 已很接近均衡值 $Q_i(\infty)=0.166667$。此外，还可以看出各厂商的产量变化与只有两个厂商时的产量变化不同，不再是一个严格单调变化过程，而是一个有升有降的过程，实质上这是多个厂商古诺模型产量变化的基本特征①。

2002 年底，中国电力产业结构重组拉开序幕，原国家电力公司被横向和纵向拆分，其中发电业务被横向拆分为五家独立的发电集团公司，即中国华能集团公司（HN）、中国大唐集团公司（DT）、中国华电集团公司（HD）、中国国电集团公司（GD）和中国电力投资集团公司（ZDT）。自五大发电集团成立以来，各自装机容量占市场总装机容量比重与发电量占市场总发电量比重的变化如下表所示：

---

① 张明善、唐小我：《多个生产商下的动态古诺模型分析》，《管理科学学报》2002 年第 5 期。

表 4-2　2003 年—2009 年五大发电集团装机容量占全国总装机容量比重

m	$Q_{HN}(m)$	$Q_{DT}(m)$	$Q_{HD}(m)$	$Q_{GD}(m)$	$Q_{ZDT}(m)$
2003	0.080897	0.074135	0.071388	0.064643	0.071626
2004	0.076167	0.076093	0.069866	0.066494	0.063440
2005	0.084998	0.081933	0.076336	0.068960	0.063702
2006	0.091945	0.086913	0.080460	0.071463	0.060772
2007	0.100346	0.090875	0.088357	0.084201	0.060284
2008	0.108337	0.103996	0.087088	0.088615	0.063909
2009	—	—	—	—	—

表 4-3　2003 年—2009 年五大发电集团发电量占全国总发电量比重

m	$Q_{HN}(m)$	$Q_{DT}(m)$	$Q_{HD}(m)$	$Q_{GD}(m)$	$Q_{ZDT}(m)$
2003	0.091203	0.074716	0.065331	0.071759	0.064169
2004	0.088403	0.078686	0.062824	0.076294	0.059290
2005	0.102555	0.083899	0.065164	0.076152	0.057506
2006	0.098404	0.087804	0.069616	0.078832	0.060201
2007	0.099691	0.092870	0.078103	0.080840	0.058235
2008	0.105138	0.101808	0.096846	0.085870	0.059160
2009	—	—	—	—	—

　　从表 4-1 和表 4-2、4-3 中可以看出,中国发电市场寡头发电企业间的生产能力竞争和产量竞争与古诺模型的结果不一致。参照"伯川德悖论"的定义,我们把这种寡头发电企业生产能力博弈的结果称为"古诺悖论"。

　　本书认为,这是由于经典的古诺模型关于边际成本对称假定的原因造成的。下面考虑边际成本不对称情况下的 N-Cournot 博弈。

二、非对称成本的 N-Cournot 博弈

　　假设博弈参与方为寡头 C_i , $i = 1, \cdots, n$, $n \geq 2$,寡头 $C_i(i = 1, \cdots, n)$ 生产同质产品并同时进行产量决策,决策时任何寡头都不知道其他寡头的产量决

策,支付是利润,是所有寡头产量总数的函数,每个寡头在产量上做出战略选择,以使其利润最大化[①]。

以 $q_i \in [1,\infty)$ 表示寡头 C_i 的产量,成本函数为 $c_i(q_i) = c_i q_i$,并假定反需求函数是线性的,为 $p = p(\sum\limits_{i=1}^{n} q_i) = a - b \sum\limits_{i=1}^{n} q_i$,则古诺博弈下寡头 C_i 的利润为:

$$\pi_i = q_i p(\sum\limits_{i=1}^{n} q_i) - c_i(q_i) , \ i = 1,\cdots,n$$

根据一阶条件,对上式求偏导,即:

$$\frac{\partial \pi_i}{\partial q_i} = 0, \ i = 1,\cdots,n$$

略去计算过程,可得 Nash 均衡解为:

$$q_i{}^* = \frac{a - c_i}{b(n + 1)} , \ i = 1,\cdots,n$$

从 N 个寡头博弈的古诺模型均衡解中可以看出,每个寡头的均衡产量与其单位产品成本负相关。单位产品的成本越大的寡头企业,其均衡产量越小;单位产品的成本越小的寡头企业,其均衡产量越大。这与中国发电市场寡头竞争的实际结果是一致的,即供电煤耗越大的发电寡头,其装机容量和发电量越小,供电煤耗越小的发电寡头,其装机容量和发电量就越大。当边际成本不对称时,边际成本相对较小的寡头企业获得的市场份额大于边际成本相对较大的寡头企业的市场份额。各发电寡头的供电煤耗如表 4-4 所示:

表 4-4 2003 年—2009 年五大发电集团的供电煤耗情况

m	Q_1(HN)	Q_2(DT)	Q_3(HD)	Q_4(GD)	Q_5(ZDT)
2003	339.0	367.7	370.3	371.3	369.7
2004	336.9	363.4	367.1	365.7	368.5
2005	345.8	357.5	363.1	361.0	367.0
2006	345.0	349.9	356.3	355.5	362.0

① 徐晋、廖刚、陈宏民:《多寡头古诺竞争与斯塔尔博格竞争的对比研究》,《系统工程理论与实践》2006 年第 2 期。

m	Q_1(HN)	Q_2(DT)	Q_3(HD)	Q_4(GD)	Q_5(ZDT)
2007	338.3	342.9	347.1	348.0	357.6
2008	333.6	335.2		341.0	—
2009	—	—	—	—	—

注:供电煤耗是指发电厂每供应一度电,需要消耗的标准煤的数量。

第二节　多领导者企业斯塔克伯格模型的 GSNC 均衡分析

现实经济中,市场上并不是仅仅存在几家寡头发电企业,还存在着众多的中小型发电企业,因此,用古诺模型解释存在着一定的局限性,而以多个领导者企业和多个跟随者企业的扩展型斯塔克伯格模型来解释,更符合现实经济中的市场结构状况。

Sherali(1984)研究了具有 M 个领导者企业、N 个跟随者企业的斯塔克伯格模型,证明了一般斯塔克伯格纳什古诺(Generalized-Stackelberg-Nash-Cournot,GSNC)均衡解的存在性和唯一性,在其论文的最后,Sherali 给出了成本函数完全相同情形下的一般斯塔克伯格纳什古诺均衡解,并与 M+N 个古诺寡头均衡解的利润和产量水平进行了比较分析。然而,前面的分析已经表明,等成本假定具有很大的局限性,不仅不符合现实经济情况,而且研究结果与实际博弈结果偏差较大。在 Sherali(1984)的研究基础上,该研究做出一定的改进,采用领导者企业和跟随者企业之间非对称成本的假设和带有固定成本的二次方成本曲线假设,分析发电市场中的寡头垄断企业与中小发电企业的博弈问题,其中寡头发电企业是领导者,中小发电企业是跟随者,求出二者博弈的一般斯塔克伯格-纳什-古诺均衡解,并研究了新进入企业对在位寡头垄断企业的利润的影响,为后面的研究做出理论铺垫。

一、假设条件

市场上存在 M 个领导者企业和 N 个跟随者企业,每一个领导者企业在做出行为决策时,认为它的行为不会引起其他领导者企业的反应,但会考虑到总的跟随者企业的反应曲线。在考虑到总的领导者企业产出的条件下,跟随者企业之间进行古诺博弈,并最大化其利润。以 $p(Q)$ 表示市场的反需求函数,M 个领导者企业和 N 个跟随者企业各自的总成本函数分别为 $C_i^l(x_i)$ $(i = 1,\cdots,M)$ 和 $C_j^f(q_j)$ $(j = 1,\cdots,N)$,各自的产量分别为 x_i $(i = 1,\cdots,M)$ 和 q_j $(j = 1,\cdots,N)$ 。

假设 1:假设反需求函数 $p(\cdot)$ 是严格递减、两阶可导的,并且满足:

$$p'(z) + zp''(z) \leq 0, z \geq 0$$

领导者和跟随者企业的成本函数 $C_i^l(\cdot)$ 和 $C_j^f(\cdot)$ 均为两阶可导,非负,非递减的凸函数,而且,存在数量 $z_u > 0$,使得对于所有的 $z \geq z_u$:

$$C_i^{l'}(z) \geq p(z) , C_i^{f'}(z) \geq p(z)$$

假设 2:市场的反需求曲线为线性的,即 $p(Q) = a - bQ$, $a > 0$, $b > 0$, $Q \geq 0$ 。每个领导者企业的成本函数为 $C^l(x) = C^l + \frac{1}{2}c^i x^2$, C^l 是领导者企业的固定成本,为一常数;每个跟随者企业的成本函数 $C^f(q) = C^f + \frac{1}{2}c^f q^2$, C^f 是跟随者企业的固定成本,也为一常数。 c^l 、 c^f 是由于技术设备等差异造成的领导者企业和跟随者企业之间成本或边际成本的差异, $c^l < c^f$ 。

定义:对于任意的 $x \geq 0$,以 $[q_1(x),\cdots,q_N(x)]$ 表示跟随者企业的联合反应曲线,以 $Q(x) = \sum_{i=1}^N q_i(x)$ 表示跟随者企业总的反应曲线。如果 x_i^* 为下式的解:

$$max\left\{x_i p\left[x_i + \sum_{j=1,j\neq i}^M x_j^* + Q(x_i + \sum_{j=1,j\neq i}^M x_j^*)\right] - C_i^l(x_i)\right.$$

而且: $q_i^* = q_i(\bar{x}^*)$ $(i = 1,\cdots,N)$, $\bar{x}^* = \sum_{j=1}^M x_j^*$

则 M 个领导者企业和 N 个跟随者企业各自的产量 $(x_1^*,\cdots,x_M^*;q_1^*,\cdots,q_N^*)$ 称为一般斯塔克伯格纳什古诺(Generalized-Stackelberg-Nash-Cournot, GSNC)均衡解。

很明显,一般斯塔克伯格纳什古诺均衡解的存在取决于满足领导者企业利润最大化条件的一组产量 $(x_1^*,\cdots,x_M^*)$ 的存在性问题。由于该著作的研究重点不在于此,因而对于均衡解的存在性和唯一性问题不作证明,如果读者对证明过程感兴趣的话,可以参考 Sherali 于 1984 年发表在《运筹研究》(Operations Research)上的学术论文。

二、GSNC 均衡求解

分别以 π^l 和 π^f 分别表示单个领导者企业和跟随者企业的支付(利润)函数,考虑使用逆向归纳法求解此博弈的子博弈精炼纳什均衡。首先考虑给定领导者企业产量选择的情况下,跟随者企业的最优选择。

令 $\tau = x_i + \sum_{j=1,j\neq i}^{M} x_j^*$,$i=1,\cdots,M$;则跟随者企业的最优化问题可转化为:

$$\max_{q_i\geq 0}\pi^f = q_i p[\tau + Q(\tau)] - C^f(q_i)\ i=1,\cdots,N$$

对上式求 q_i 的一阶条件,可得:

$$q_i(\tau) = q(\tau) = (a - b\tau)/[c^f + b(N+1)]$$

$$Q(\tau) = Nq(\tau) = N(a - b\tau)/[c^f + b(N+1)]$$

领导者企业的最优化问题是:

$$\max_{x_i\geq 0}\pi^l = x_i p[x_i + \sum_{j=1,j\neq i}^{M} x_j^* + Q(x_i + \sum_{j=1,j\neq i}^{M} x_j^*)] - C^l(x_i)$$

将 $Q(\tau)$ 的表达式代入领导者企业的利润最大化函数表达式,又由于 $x_i = x_j$,可得:

$$x_i^* = x^* = a(b+c^f)/[b(M+1)(b+c^f) + c^l(b+c^f) + bc^l N]\ ,\ i=1,\cdots, M$$

由此,可以得到跟随者企业的均衡产量为:

$$q^* = q(Mx_i^*)$$

$$= \frac{a[(b+c^f)(b+c^l) + bc^l N]}{[b(M+1)(b+c^f) + c^l(b+c^f) + bc^l N][c^f + b(N+1)]}$$

(x^*,q^*) 即为成本不对称的 M 个领导者企业和 N 个跟随者企业的一般斯塔克伯格纳什古诺(GSNC)均衡解。进一步地,我们可以得到:

$$x^* - q^* = \frac{a[(c^f - c^l)(b+c^f+bN) + b^2 N]}{[b(M+1)(b+c^f) + c^l(b+c^f) + bc^l N][c^f + b(N+1)]}$$

$$x^* / q^* = \frac{(b + c^f)[c^f + b(N + 1)]}{[(b + c^f)(b + c^l) + bc^l N]}$$

三、模型结果的解读

从一般斯塔克伯格纳什古诺均衡解中可以看出,无论是领导者企业,还是跟随者企业,均衡产量与其投入的固定成本大小没有关系,两者间均衡产量之比与两者的固定成本相对大小也没有关系。从 $x^* - q^*$ 的表达式中,容易判断出 $x^* - q^* > 0$,即领导者企业的均衡产出大于跟随者企业的均衡产出,还可以看出,$c^f > c^l$ 时两者的差值大于成本对称情况下两者的差值。由于 c^l 仅出现在分母的位置上,因此,领导者企业的均衡产出与其自身的边际成本呈反向变动关系,技术设备水平越高,边际成本越低,其总产量就越大。从领导者企业和跟随者企业均衡产出比中可以看出,领导者企业的边际成本越小或者技术设备水平越高,则领导者企业占有的相对市场份额就越大,优势越明显,而跟随者企业边际成本对两者均衡产出之比或市场份额的影响就没有这么明显。这在一定程度上解释了近来年中国发电市场上,寡头发电企业在不断淘汰落后产能和引进高技术发电机组设备的过程中,其产出规模及其所占有的市场份额越来越大的原因之一。另外,由于中国的发电寡头企业均为大型的国有央企,盈利时可以保留利润,亏损时可以享受政府的直接补贴,资本比较充裕,因此,这些发电寡头企业有能力不断淘汰落后的生产能力,引进最新的发电机组设备,降低生产成本,从而获得更大的市场份额,挤出现有的中小跟随者企业或者降低潜在竞争者的利润预期从而阻止潜在竞争者进入发电市场。

然而,既然通过引入高技术发电机组设备,降低生产成本水平是寡头发电企业产出规模及其市场份额越来越大的原因,同时,寡头发电企业也具备采取策略性行为阻止潜在进入者进入发电市场的资本能力,那么,寡头发电企业到底存不存在"故意"设置进入障碍,策略性地阻止潜在竞争者进入市场的动机呢?下面,我们在模型结果的基础之上,进一步分析潜在进入者进入市场对多个领导者斯塔克伯格博弈中的在位领导者企业利润的影响,即在位的领导者企业是否有动机采取策略性行为阻止潜在竞争者进入市场。

四、新的进入对领导者企业利润的影响

现在考虑一个领导者企业或者一个跟随者企业进入 M 个领导者企业和 N 个跟随者企业的市场。若要证明，无论是一个领导者企业还是一个跟随者企业的进入，都会减少市场中的领导者企业的利润，则只需证明，新的进入会减少在位领导者企业的产出水平同时增加市场总产出水平即可。

令 x^{f*} 表示增加一个跟随者企业时，领导者企业的均衡产量，则：

$$x^{f*} = a(b + c^f)/[b(M + 1)(b + c^f) + c^l(b + c^f) + bc^l N + bc^l]$$

令 x^{l*} 表示增加一个领导者企业时，领导者企业的均衡产量，则：

$$x^{l*} = a(b + c^f)/[b(M + 1)(b + c^f) + c^l(b + c^f) + bc^l N + b(b + c^f)]$$

从上面两个式子中，可以看出，无论是增加一个跟随者企业还是增加一个领导者企业，在位领导者企业的均衡产量都会下降。同理，可以证明，当新的进入发生时，跟随者企业的均衡产量也会下降。由于一般情况下，$c^f \geq c^l$，则 $b(b + c^f) > bc^l$，所以增加一个领导者企业比增加一个跟随者企业使得在位领导者企业的产出水平下降更多。

下面证明，当增加一个领导者企业或者一个跟随者企业的时候，市场总产出水平是增加的。令 Q^* 表示市场总产出水平，若要证明，当增加一个跟随者企业或领导者企业时 Q^* 是增加的，则只需证明，$Q^* = Mx^* + Nq^*$ 对于 M 和 N 是递增函数即可。

$$Q^* = Mx^* + Nq^*$$

$$= \frac{Ma(b + c^f)[c^f + b(N + 1)] + Na[(b + c^f)(b + c^l) + bc^l N]}{[b(M + 1)(b + c^f) + c^l(b + c^f) + bc^l N][c^f + b(N + 1)]}$$

通过 Matlab 软件分别求出 Q^* 对 M 和 N 的偏导数，从结果中可以看出，二者的一阶偏导数均大于零，即 Q^* 对于 M 和 N 是递增函数。因此，当新的进入发生后，市场总产出水平增加，从而证明了新的进入会减少领导者企业的利润水平。同理，也可以证明新的进入同样会减少跟随者企业的利润水平。

为了方便研究，此处假设领导者企业和跟随者企业的固定成本和技术设备水平相同。让我们定义凹函数 $h(z) = zp(Q^*) - C(z)$，$z \geq 0$。由下式：

$$\pi_l{}^* \equiv h(x^*) \equiv \max_{x \geq 0} xp\{x + (M - 1)x^* + Q[x + (M - 1)x^*]\} - C(x)$$

$$(4.1)$$

$$\pi_f{}^* \equiv h(q^*) \equiv \max_{q \geq 0} qp[q + (N-1)q^* + Mx^*] - C(q) \tag{4.2}$$

令 G_l 和 G_f 分别代表目标函数(4.1)在 x^* 和(4.2)在 q^* 处的导数,则:

$$G_l = x^* p'(Q^*)[1 + Q'(Mx^*)] + p(Q^*) - C'(x^*) = 0 \tag{4.3}$$

$$G_f = q^* p'(Q^*) + p(Q^*) - C'(q^*) = 0 \tag{4.4}$$

由于 $p'(Q^*) < 0$ 以及 $[1 + Q'(Mx^*)] > 0$,等式(4.3)和(4.4)意味着 $h'(x^*) > 0$ 和 $h'(q^*) > 0$。因为 $x^* > q^*$,$h(\cdot)$ 为凹函数,所以 $h(x^*) > h(q^*)$,从而可知 $\pi_l{}^* > \pi_f{}^*$,即领导者企业的利润大于跟随者企业的利润。由于在现实的发电市场中,还存在着 $c^l < c^f$ 的现象,可知领导者企业的均衡产出和利润远大于跟随者企业的均衡产出和利润。因此,当新的进入发生时,总产出增加导致的价格下跌对领导者企业的影响也远大于对跟随者企业的影响。

第三节　领导者与跟随者企业阻止潜在竞争者进入市场的静态博弈

自 2003 年国家电力公司横向拆分以来,发电市场上形成了以五大发电集团为首的寡头垄断市场格局。由于中国发电市场的进入规制已经放松,五大寡头发电企业与中小型地方国有发电企业均面临着潜在竞争者—民营企业和外资企业进入市场参与利润分配的威胁。上一部分的模型分析已经证明,新的竞争对手进入市场会减少领导者企业和跟随者企业的利润,然而,由于作为市场领导者的寡头发电企业,在均衡产出和利润上均远大于作为跟随者的中小型发电企业,因而,总体上来看,潜在竞争者的进入对寡头发电企业利益的影响更大。领导者企业和跟随者企业在对待潜在竞争者进入市场上的态度可以用博弈理论中经典且有趣的"智猪博弈"模型很好地解释,寡头发电企业类似于博弈关系中的大猪,中小发电企业类似于博弈关系中的小猪。

一、模型的建立

在某一区域发电市场上,考虑存在两个博弈参与者,即在位的寡头发电企业和在位的中小发电企业,二者均以利润最大化为原则。在市场放松进入规制的背景下,为了避免因潜在竞争进入市场导致的利润减少,在位发电企业需要策略性阻止新的竞争对手进入市场。由此,博弈参与者的策略空间有两种行为可以选择:阻止,不阻止。寡头发电企业参与方,如果阻止新的发电企业进入市场,则可以获得的收益为 R_1 ,且 $R_1 > 0$,策略性行为的成本为 C ,且 $C > 0$,寡头发电企业阻止新的竞争对手进入的净收益为 $R_1 - C$;中小发电企业参与方,如果阻止新的发电企业进入市场,则可以获得的收益为 R_2 ,且 $R_2 > 0$,为了同样达到成功阻止进入的目的,需要付出的成本同样为 C ,中小发电企业阻止新的企业进入的净收益为 $R_2 - C$ 。合理假设 $R_1 > R_2$,如果寡头发电企业和中小发电企业都选择不阻止,允许新的发电企业进入市场,则二者的净收益均为 0。

二、Nash 均衡的求解

基于以上假设与分析,寡头发电企业与中小发电企业非合作博弈的策略组合为:(阻止,阻止)、(阻止,不阻止)、(不阻止,阻止)和(不阻止,不阻止)。寡头发电企业与中小发电企业的支付矩阵如图 4-1 所示:

图 4-1　寡头发电企业与中小发电企业非合作博弈的支付矩阵

		中小发电企业	
		阻止	不阻止
寡头发电企业	阻止	$(R_1-C,\ R_2-C)$	$(R_1-C,\ R_2)$
	不阻止	$(R_1,\ R_2-C)$	$(0,\ 0)$

从支付矩阵中可以看出,当给定寡头发电企业选择阻止策略时,中小发电企业阻止的收益为 $R_2 - C$,不阻止的收益为 R_2 ,由 $C > 0$ 可知 $R_2 > R_2 - C$,中小发电企业的最优选择是不阻止;当给定寡头发电企业选择不阻止策略时,中小发电企业阻止的收益为 $R_2 - C$,不阻止的收益为 0,此时中小发电企业的最优选择取决于 $R_2 - C$ 的正负,若 $R_2 > C$,则 $R_2 - C > 0$,中小发电企业的最优选择是阻止,若 $R_2 < C$,则 $R_2 - C < 0$,中小发电企业的最优选择是不阻止;当

给定中小发电企业选择阻止策略时,寡头发电企业阻止的收益为 $R_1 - C$,不阻止的收益为 R_1 ,由 $C > 0$ 可知 $R_1 > R_1 - C$,寡头发电企业的最优选择是不阻止;当给定中小发电企业选择不阻止策略时,寡头发电企业阻止的收益 $R_1 - C$,不阻止的收益为 0 ,此时寡头发电企业的最优选择取决于 $R_1 - C$ 的正负,若 $R_1 > C$,则 $R_1 - C > 0$,寡头发电企业的最优选择是阻止,若 $R_1 < C$,则 $R_1 - C < 0$,寡头发电企业的最优选择是不阻止。

由以上分析,从理论上可以得出以下两种均衡解:(1)若 $R_1 > R_2 > C$,当寡头发电企业选择阻止时,中小发电企业的最优选择是不阻止,当寡头发电企业选择不阻止时,中小发电企业的最优选择是阻止;当中小发电企业选择阻止时,寡头发电企业的最优选择是不阻止,当中小发电企业选择不阻止时,寡头发电企业的最优选择是阻止,在这种情形下,无论是寡头发电企业还是中小发电企业均没有占优策略,模型不存在纯纳什均衡解;(2)若 $R_1 > C > R_2$,无论寡头发电企业选择什么策略,对中小发电企业来说,"不阻止"严格优于"阻止",因而理性的中小发电企业会选择"不阻止",而寡头发电企业会正确地预测到中小发电企业会选择"不阻止"策略,此时寡头发电企业选择"阻止"就是理性的选择,这样,(阻止,不阻止)就是这个博弈唯一的纳什均衡,即寡头发电企业选择阻止新的企业进入,中小发电企业等待"搭便车",两者的支付水平分别为 $R_1 - C$ 和 R_2 。

三、模型的解读

中国的发电市场结构中,外资、民营尤其是地方国有发电厂等中小发电企业数目较多且规模普遍较小,而居于寡头垄断地位的五大发电集团占据整个发电市场的近半壁江山且在特定的区域范围内更加集中和单一。这些特点决定了中小发电企业阻止新的企业进入的成本 C 很高,收益 R_2 却很低,这样中小发电企业阻止潜在竞争者进入的净收益 $R_2 - C < 0$,等待寡头发电企业阻止新的企业进入并获得阻止收益成为中小发电企业的占优策略。因此,在发电市场中,更符合实际情况的是 $R_1 > C > R_2$,无论寡头发电企业是否阻止潜在竞争者进入市场,中小发电企业都选择"搭便车"成为唯一的纳什均衡解。

第四节　领导者企业与潜在进入企业之间的动态产能博弈

一、模型的建立

超容量是指超出利润最大化发电量的装机容量①。发电市场放松进入规制之前,市场准入受到政府的政策限制,在位垄断企业不必担心受到潜在竞争者的威胁,并按照利润最大化原则设置装机容量;发电市场放松进入规制以后,市场准入的政策性壁垒不复存在,在位企业开始面临潜在竞争者的进入威胁。与无进入威胁的情形相比,有进入威胁的在位垄断企业可能故意设置超出利润最大化的多余装机容量以阻止潜在竞争者的进入。该研究借助孙巍、李何、李秋涛和石慧(2009)的模型分析上述思想。为了分析的需要,该研究首先对中国发电市场结构进行抽象与简化,把国有垄断发电企业抽象为一家在位企业,把政策放开后民营或外资发电企业的进入抽象为一家潜在竞争者。

考虑一个放松进入规制后的发电市场,任何电力企业都可以建立装机容量为 K 的工厂。在发电量为 $q(q \leq K)$ 时,企业的总生产成本可表示为 $C = cq + rK + F$, r 为单位装机容量成本, c 为平均可变成本。假设企业 1 为在位企业,装机容量为 K_1 ,其总生产成本为 $C_1 = cq_1 + rK_1 + F$ 。如果没有新的竞争者进入市场,企业 1 将在装机容量的约束下以利润最大化的发电量生产。假设企业 2 为潜在竞争者,装机容量为 K_2 ,总生产成本为 $C_2 = cq_2 + rK_2 + F$ 。假设市场需求是确定的,反需求函数为: $P = a - bq$,其中 q 为市场中企业发电量的总和。

二、模型的求解与分析

(一) 首先讨论无进入威胁时的情形

在没有受到进入威胁时,在位企业可以根据发电量 q_1 和装机容量 K_1 最大

① 根据 Stoft(2002),装机容量一般为峰荷的110%,这里进行了简化,假定发电量能够完全达到装机容量。

化利润 $\pi_1(q_1,K_1)$，约束条件为 $q_1 \leq K_1$。显然，在没有受到进入威胁时，在位企业设定 $q_1 = K_1$ 符合利润最大化原则。在位企业的目标函数为：

$$\max_{q_1} \pi_1 = (a - bq_1)q_1 - cq_1 - rK_1 - F$$

求解一阶条件，可得：

$$q_1 = \frac{a - c - r}{2b}, \ \pi_1 = \frac{(a - c - r)^2}{4b} - F$$

（二）其次讨论有进入威胁时的博弈

由于发电企业装机容量的调整在短期内无法完成，所以一般考虑保持一个既定的最大装机容量水平，使竞争对手相信，一旦进入发生，在位企业能够充分利用装机容量并达到发电量的上限。在位企业建立一个装机容量为 K_1 的工厂，并决策发电量 $q_1(q_1 \leq K_1)$。当潜在竞争者以利润最大化发电量 q_2 进入时，也可以建立装机容量为 K_2 的工厂。在进入发生后的市场中，在位企业是一个斯塔克伯格领导者。因为在位企业在受到进入威胁前已经预先设置好了装机容量，所以装机容量对于在位企业而言是固定成本，在发电量区间上的单位边际成本为 c。对于潜在竞争者来说，如果进入发生，其设置的装机容量足以生产它所选择的发电量，这样潜在竞争者每单位产量的边际成本就是 $c + r$。

潜在竞争者进入市场时的预期利润为：

$$\pi_2 = Pq_2 - C_2$$

在位企业的发电量为 q_1，潜在竞争者的发电量为 q_2，因此反需求函数为：

$$P = a - b(q_1 + q_2)$$

进而得到：

$$\pi_2 = [a - b(q_1 + q_2)]q_2 - (cq_2 + rK_2 + F)$$

假设潜在竞争者进入市场后，根据利润最大化原则选择发电量 q_2，则此时必然有 $K_2 = q_2$。对发电量 q_2 求一阶偏导可得：

$$q_2 = \frac{1}{2}\left(\frac{a - c - r}{b} - q_1\right)$$

此时，在位企业的利润函数为：

$$\pi_1 = pq_1 - C_1$$

$$= [a - b(q_1 + q_2)]q_1 - (cq_1 + rK_1 + F)$$

作为斯塔克伯格领导者的在位企业的利润最大化产量为：

$$q_1 = \frac{a - c + r}{2b}$$

如果在位企业的目的是阻止潜在竞争者进入市场,则发电量 q_1 应该使潜在竞争者的利润为零。由此可以得到在位发电企业阻止潜在竞争者进入市场的最小产量为：

$$q_1 = \frac{a - c - r}{b} - 2\left(\frac{F}{b}\right)^{\frac{1}{2}}$$

在位企业选择阻止对手进入策略时是受两个约束条件所限制的。第一个约束条件是既定生产能力的限制,即发电量不能超出装机容量的限制;第二个约束条件是策略性行为的目标决定的,即装机容量至少能够阻止潜在竞争者的进入。

如果在位企业采取超容量的策略性行为阻止对手进入时的利润大于允许对手进入时作为斯塔克伯格领导者的利润,则表明在位企业通过维持超容量和增加发电量是有利可图的。在面临潜在竞争者进入时,在位企业是允许对手进入还是阻止对手进入取决于哪一种情形下在位企业获得的利润更大①。

由进入者的最优反应函数,可以得到进入者的发电量应为：

$$q_2 = \frac{a - c - r - bq_1}{2b}$$

此时的价格为：

$$p = a - b(q_1 + q_2)$$

而在位企业以利润最大化作为行为目标,在此价格和产量为 $q_1 = \frac{a - c + r}{2b}$ 时的利润为：

$$\pi_1^1 = pq_1 - C_1 = \frac{(a - c + r)^2}{8b} - rK_1 - F$$

---

① 孙巍、李何等:《垄断厂商的过剩生产能力可置信威胁行为分析》,《科学决策》2009 年第 3 期。

在位企业以产量 $q_1 = \dfrac{a - c - r}{b} - 2\left(\dfrac{F}{b}\right)^{\frac{1}{2}}$ 选择阻止对手进入的超容量行为时,利润为:

$$\pi_1^{\mathrm{II}} = pq_1 - C_1 = \frac{(a - c) - (r + 2\sqrt{bF})}{b} \cdot (r + 2\sqrt{bF}) - rK_1 - F$$

通过比较 π_1^{I} 和 π_1^{II} 的大小,可以得知当进入发生时,在位企业允许进入和阻止进入哪种情况是更加有利可图的:

$$\pi_1^{\mathrm{I}} - \pi_1^{\mathrm{II}} = \frac{(a - c + r)^2}{8b} - rK_1 - F - \frac{(a - c) - (r + 2\sqrt{bF})}{b} \cdot (r + 2$$

$$\sqrt{bF}) + rK_1 + F$$

$$= \frac{a^2 + c^2 + 9r^2 - 2ac - 6ar + 6cr - 16(a - c - r)\sqrt{bF} + 32bF}{8b}$$

$\pi_1^{\mathrm{I}} - \pi_1^{\mathrm{II}} \geq 0$,即允许进入的利润大于阻止进入的利润时,在位企业的理性选择是允许潜在竞争者进入市场,自己成为市场中的斯塔克伯格领导者;

$\pi_1^{\mathrm{I}} - \pi_1^{\mathrm{II}} \leq 0$,即阻止进入的利润大于允许进入的利润时,在位企业的理性选择是设置超容量阻止对手进入,此时构成精炼子博弈纳什均衡,在位企业扩大发电量的承诺就是可置信的威胁①。

从 $\pi_1^{\mathrm{I}} - \pi_1^{\mathrm{II}}$ 的表达式中可以看出,决定 $\pi_1^{\mathrm{I}} - \pi_1^{\mathrm{II}}$ 正负的因素有 a、b、c、r、F。而决定这些因素的正是市场需求、边际成本和固定成本。因此,在位企业是否决定设置超容量以阻止进入,取决于市场和成本两个方面的情况。

三、模型的解读

通过超容量动态博弈模型可知,在位垄断企业不仅存在设置超容量以阻止潜在竞争者进入的动机,而且从理论上可以证明,在位垄断企业维持超容量阻止进入可以实现动态利润最大化,即存在子博弈精炼纳什均衡。在现实经

① 李世新、于左:《垄断产业放松进入规制后的博弈与效率分析——以中国发电市场为例》,《山西财经大学学报》2010 年第 6 期。

济中,在位垄断企业是否会设置超容量,或者设置超容量是否为可置信的承诺,是由在位垄断企业所面临的市场需求条件和企业成本条件两个方面的情况所决定的。

第五章　中国发电市场内生性
进入壁垒的实证研究

　　在上一章对过剩生产能力形成内生进入壁垒的理论模型研究中，市场参与者掌握一切与经济活动相关的所有信息且对信息的处理和应用十分娴熟，他能够驾驭一切让经济学家们也望而生畏的复杂模型，并做出准确无误的市场决策，而这些假设条件在现实经济中几乎是不可能存在的。另外，理论模型毕竟是"有限理性"的，经济学家们无法考虑到所有影响某一行业内企业决策的现实变量。基于以上两点，该研究还需要做一些实证研究，以考察现实经济中的发电市场是否真的存在过剩的生产能力，以及这些过剩的生产能力是否阻止了新发电企业的进入。

　　中国能源经济研究中心主任林伯强（2007）研究发现，中国电力市场的装机容量从 2002 年底的 3.6 亿千瓦提高到 2007 年底的 7.2 亿千瓦，5 年内增长了 1 倍，即使假定没有大量的新批项目，又假定电力需求按照每年 13% 的速度高速增长，到 2007 年底过剩的装机容量也可达到 10%。于立（2008）的研究发现，在电力极为短缺的 2007 年，装机容量仍然是过剩的，近年来频频出现的"电荒"现象与装机容量无关，而是由于价格机制扭曲造成的。刘建平（2006）认为，民营资本和外国资本的进入步伐由于存在进入壁垒而得不到加快，却没有具体指出这种进入壁垒是什么。《商务周刊》（2007.7.20）刊登的一篇文章引用了中国能源网信息总监韩晓平的观点，认为五年的电力改革使得当年强大的垄断者变成了今天更加强大的垄断者，真正的市场主体并没有建立起来，反而导致了电源建设失控的局面。韩晓平解释，"对于电源建设失控的问题要引起注意，必须警惕发电侧投资的'羊群效应'"。该研究的实证研究将表明，电源投资建设失控的现象的确存在，这种情况的出现是五大发电集团装机容量迅速扩张造成的,其后果是阻碍了中国发电市场新企业的进入,并造成了规模不经济的市场绩效。实证部分共分为三节,第一节对中国发电市场容量过剩状况的分析;第二节是对中国发电市场过剩的装机容量阻止新企业进入的实证检验;第三节研究了中国发电市场寡头企业的规模经济与效率。

第一节 中国发电市场容量过剩的状况

假如能够使用电力需求弹性系数来说明长期中 GDP 增长率与电力消费量增长率之间的关系,然后,通过对比近年来的电力消费量增长率和全国总装机容量增长率,就可以发现中国发电市场的装机容量是否存在过剩的状况。进一步地,分析中国发电市场上总装机容量增长速度与寡头发电企业装机容量的增长速度以及新增装机容量的结构组成,就可以找到过剩的装机容量形成的根本原因。最后,可以深入地分析各个寡头企业生产能力的增长情况,然后与该企业的生产效率相对比,就可以知道迅速扩张的生产能力是否是生产中规模经济的实际需要,如果答案是否定的,那么就可以依据以上统计数据,说明寡头发电企业存在着过剩的装机容量,以及利用在位者优势先发制人地抢占未来市场需求的发展空间、排斥潜在竞争对手的情况。以上分析思路,完全符合美国铝业反垄断案件中对垄断企业的过剩生产能力是否构成了内生性进入壁垒的判决依据。在接下来的实证分析中,该研究将列举出以上思路所需要的各种统计数据,以证明中国发电市场上过剩的装机容量真实存在,并分析过剩的装机容量形成的原因以及是否形成了中国发电市场的内生性进入壁垒。

一、GDP 增长率、电力消费量增长率的比较分析

理论上,电力需求弹性系数为电力消费量增长率与 GDP 增长率的比值。从图 5-1 中可以看出,GDP 增长率与电力消费量增长率比较接近,也就是说,电力需求弹性系数接近于 1,在经济繁荣时期,电力消费量增长率略高于经济增长率,电力需求弹性系数略大于 1;在经济萧条时期,电力消费量增长率略低于经济增长率,电力需求弹性系数略小于 1。根据电力消费量与 GDP 之间的这种关系,可以认为:一般情况下,电力消费量的增长速度稍稍快于 GDP 的

增长速度,即保持一定的容余量是必要的;但是,当经济增长速度放慢时,电力消费量的增长速度也会大幅度地降低,甚至低于 GDP 的增长速度,因此装机容量的增长速度也应该做出相应的调整,才符合资源有效利用的要求,不会造成市场上大量生产能力的闲置。

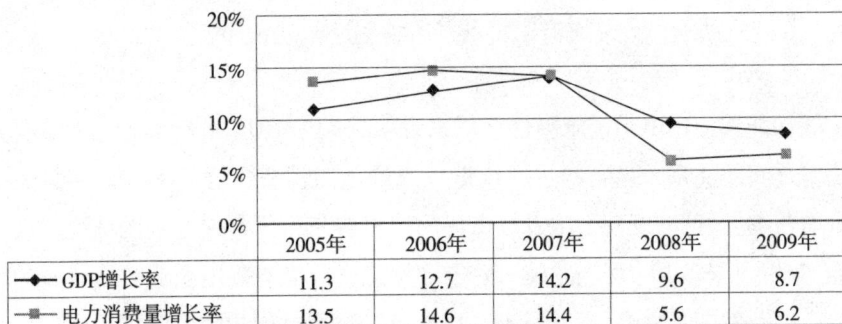

	2005年	2006年	2007年	2008年	2009年
GDP增长率	11.3	12.7	14.2	9.6	8.7
电力消费量增长率	13.5	14.6	14.4	5.6	6.2

图 5-1 GDP 增长率与电力消费量增长率比较

二、电力消费量、总装机容量与五大集团装机容量的增长率比较

在考察了 GDP 增长率与电力消费量增长率的关系以后,需要进一步考察近年来的装机容量的增长速度,从而判断发电市场上装机容量过剩的情况是否存在。在图 5-2 中,我们考察了 2004 年—2009 年间全国电力消费量增长率、总装机容量增长率以及五大发电集团装机容量增长率的实际情况。统计数据显示,五年间,中国的电力消费量总共增长了 68.3%,全国总装机容量增长了 98.3%,相比而言,装机容量的增长速度比电力消费量的增长速度高出了 30%。而五大发电集团的装机容量总共增长了 173%,远远高于实际的全国电力消费量增长速度和全国总装机容量的增长速度,是全国电力消费量增长率的近三倍、全国总装机容量增长率的近两倍。这种情况可以说明两个事实,一是全国的装机容量是过剩的,二是五大发电集团的装机容量增长速度过快,其代价是其他发电企业的装机容量不增长,新的发电企业没有进入。尤其值得关注的是,2008 和 2009 年,在经济危机、电力消费量增长率大幅度下降的背景下,全国总装机容量仍然保持了较高的增长速度,而全国总装机容量的增长,很可能是被五大发电集团装机容量的快速增长所带动起来的。很容易

理解,如果电力消费量增长率大幅度下降而寡头发电企业的装机容量仍然保持迅猛的增长势头,则必然会降低潜在竞争者进入后的利润预期,使潜在竞争者做出不进入市场的理性决策。

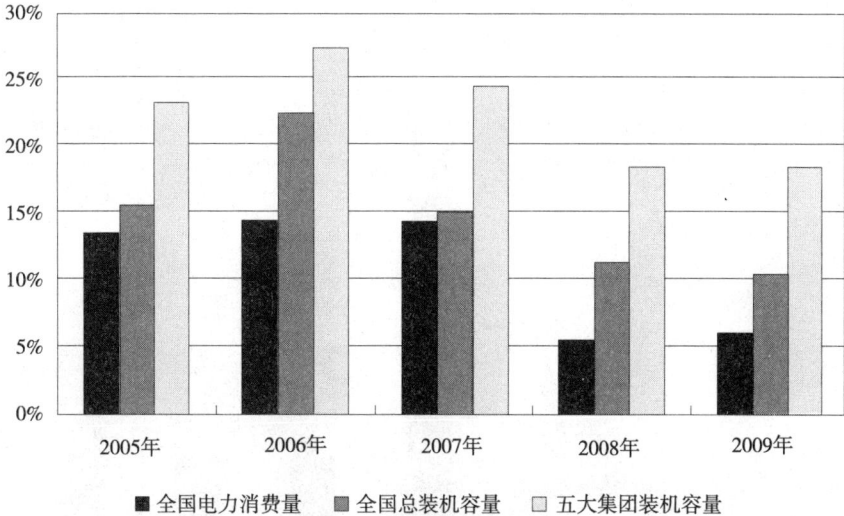

图 5-2　全国电力消费量、总装机容量与五大集团装机容量的比较

三、中国发电市场新增装机容量的结构

为了寻找中国发电市场过剩的装机容量的来源,有必要对中国发电市场新增装机容量的结构做进一步研究。图 5-3 显示,中国发电市场上新增装机容量的结构组成发生了巨大变化,五大发电集团所占新增比例由 2004 年的 27%,提高到了 2009 年的 80%,新增数量增长了 500%;与此同时,2009 年全国其他数千家发电企业(包括新进入企业的装机容量)新增装机容量的总和仅占全国新增装机容量市场 20% 的份额,新增数量不及五年前的一半。另外,从发展趋势上来看,中国电力市场的这种"马太效应"似乎仍然在继续。考虑到地方国有发电企业及其他在位发电企业的新增装机容量,可以发现新进入的发电企业越来越少,潜在的竞争者几乎已经停止了进入中国发电市场的步伐。新增装机容量的结构关系数据,证实了五大发电集团装机容量的增长带动全国装机容量的增长的事实,同时也证明了五大发电集团在生产能力

上的超速投资严重影响了其他市场主体在发电市场装机容量上的投资决策和潜在竞争者的进入决策,客观上形成了阻止潜在竞争对手进入的内生性进入壁垒,不符合国家设想的建立竞争性批发市场及市场主体多元化的要求,使得中国发电市场的反垄断问题处于一个"反则短缺,不反则垄断"的两难困境。

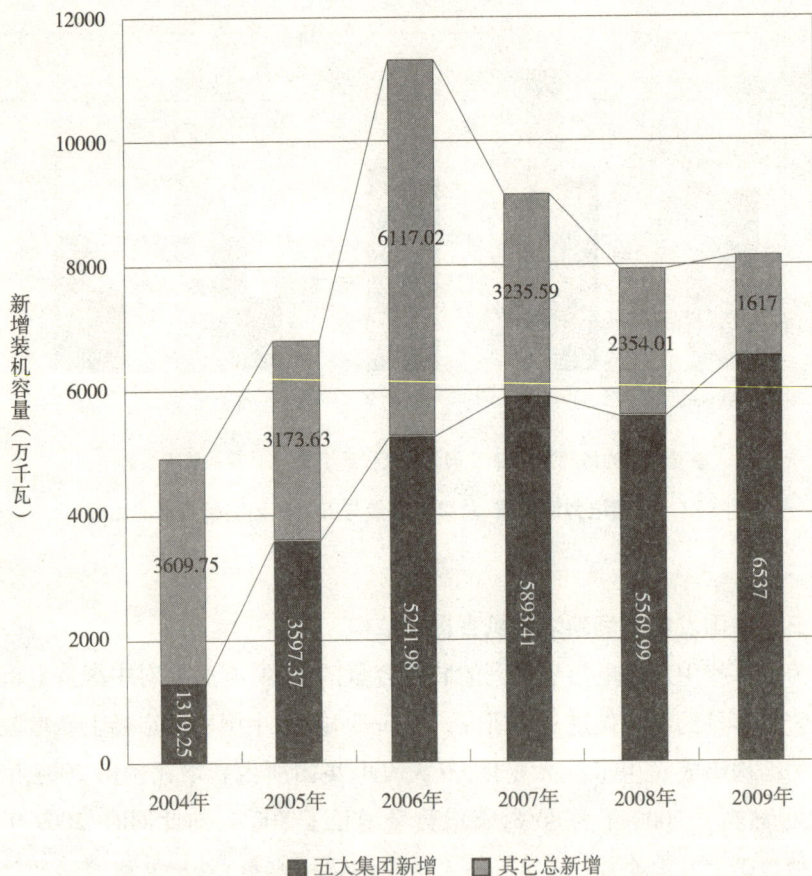

图 5-3　新增装机容量的主体构成

四、五大发电集团装机容量增长率的比较

从图 5-4 中可以看出,华能集团的装机容量增长速度最快,依次为大唐、华电、国电和中电投,这与我们在上一章的理论分析结果是一致的。2004

年—2009 年间，全国的电力消费量仅增长了 68.3%，而五大发电集团中装机容量增长速度最慢的中电投集团生产能力也增长了一倍以上，华能集团的装机容量更是增长了两倍以上。在全国总装机容量并不短缺的情况下，这种过度扩张的生产能力显然很难用正常的供求关系来解释。

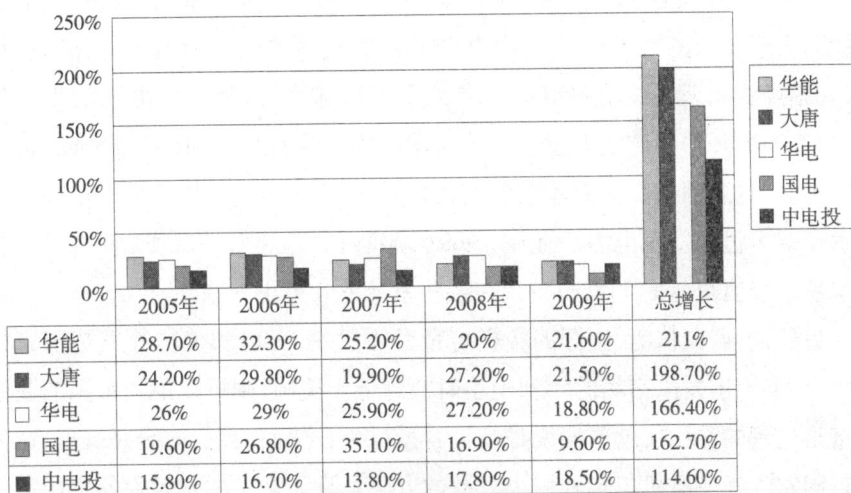

	2005年	2006年	2007年	2008年	2009年	总增长
华能	28.70%	32.30%	25.20%	20%	21.60%	211%
大唐	24.20%	29.80%	19.90%	27.20%	21.50%	198.70%
华电	26%	29%	25.90%	27.20%	18.80%	166.40%
国电	19.60%	26.80%	35.10%	16.90%	9.60%	162.70%
中电投	15.80%	16.70%	13.80%	17.80%	18.50%	114.60%

图 5-4 五大发电集团装机容量增长率的比较

五、容余量与容余率

过剩的装机容量又可以称为容余量，国际上比较通用的测量方法是容余量占到总装机容量 10% 的左右。如果把过剩的装机容量占总装机容量的比重称为容余率，则容余率在 10% 的范围之内基本上是合理的。然而，近年来五大发电集团的火电机组的容余率远远超出了这一国际标准。下表是 2008 年五大发电集团火电机组的容余率数据：

表 5-1 2008 年五大发电集团的容余量与容余率

	华能集团	大唐集团	华电集团	国电集团	中电投集团
容余量	2068	1558	1261	1634	1272
容余率	26%	23%	23%	26%	31%

第二节　对过剩装机容量阻止进入的实证检验

一、过剩装机容量的度量

从供求关系上来看,过剩的生产能力是指由于供求关系失衡所导致的生产能力大于需求的情形。李江涛(2006)认为,过剩的生产能力是一种经济现象,它是经济周期性波动中市场供求关系的特殊表现,是一种潜在的生产过剩,只有当实际的生产能力超过有效需求能力一定程度并可能对经济运行产生危害时,过剩的生产能力才能形成,因此不能简单地将供大于求的情况理解为生产能力过剩。在电力产业中,Stoft(2002)认为,通常情况下,装机容量的需求量是峰值负荷的118%左右,在某些系统下会更小一些。

另外,有些人认为,中国的装机容量是否过剩,可以和美国等发达国家相比较,如果中国发电市场的年利用小时数远低于美国,则可以说明中国的装机容量是过剩的,反之,就不能说是装机容量过剩。然而,我们的研究发现,这种比较国家之间发电机组年利用小时数的方法是毫无意义的。因为各个国家之间在发电机组的结构上差异非常大,一些国家如法国,是以核电为主,一些国家如巴西,是以水电为主,还有一些国家,如印度、中国等是以火电为主。而核电、火电和水电等不同发电方式的年利用小时数是完全不相同的,例如,由于季节性降水分布的不均匀,水电的年利用小时数一般仅为3000—4000小时,而火电的年利用小时数可以达到6000—7000小时。而火电又可以进一步划分为煤电、油电和气电,它们之间的年利用小时数也是不相同的。因此,有些人拿中国的发电机组的年利用小时数和美国的发电机组的年利用小数相比较,发现中国发电机组的年利用小时数高于美国,便得出中国装机容量不存在过剩状况的结论。事实上,美国的发电机组结构与中国的发电机组结构差异很大,例如,中国的核电机组仅占总装机容量的1.2%左右,而美国核电机组的装机容量占到总装机容量的20%左右;中国的水电机组占总装机容量的20%以上,而美国的水电机组仅占到总装机容量的7.5%左右;美国的火电机组占到总装机容量的69%左右,煤电占火电总装机容量的69%左右,而中国的火电机组占到总装机容量的75%以上,煤电机组占到火电装机容量的95%

以上。这些数据说明,各个国家之间的装机容量的结构差异巨大,不能通过比较它们之间发电机组的年利用小时数来判断装机容量是否过剩。除此以外,甚至比较各个国家之间应用相同发电技术的发电机组的年利用小时数也是没有意义的。同样是燃煤发电,在一些以煤电为主要发电方式的国家,煤电机组承担了相当一部分基荷机组的功能,年利用小时数肯定高于那些以水电或核电为主要发电方式的国家,因为在这些国家,水电或核电承担了基荷机组的功能,而燃煤发电只是起到了峰荷机组的作用,即只有在电力需求高峰的时候才会运转,因此年利用小时数可能远远低于以燃煤发电为主的国家。总的来说,比较不同国家之间的发电机组的年利用小时数,对于判断一个国家的装机容量是否过剩,没有太大的价值。

对过剩生产能力的已有研究中,过剩的生产能力被定义为企业的生产能力减去产量。如化工、金属、汽车制造等产业中,例如,假设企业的生产能力为500万吨或100万辆,而实际产量是300万吨或者60万辆,则很容易计算出过剩的生产能力为200万吨或者40万辆。然而,对于电力产业而言,由于技术上的复杂性,目前几乎没有相关文献研究电力产业的过剩生产能力的计量问题,该研究的计算方法只能是一种尝试。该研究把过剩的装机容量宽松地定义为,即使在需求最旺盛的时候,仍然得不到使用的装机容量。过剩的装机容量的计量方法是用设置的装机容量减去实际利用的装机容量之后的剩余,公式为:

过剩的装机容量=装机容量(生产能力)-实际发电量/年设备可利用小时数

根据《2009中国电力行业研究报告》提供的数据,2000年—2008年间,6000千瓦及以上电力设备实际的年利用小时数最高约为6000小时,也就是说,在电力需求最旺盛的时候,发电设备的实际年利用小时数可以达到6000小时左右。前面已经阐述了,水电、火电和核电等发电设备的年可利用小时数是不相同的,各个发电集团在发电设备的结构组成上也是不相同的,理论上,可以分别找出各个发电集团不同发电设备的装机容量、实际发电量和年可利用小时数(年可利用小时数可以用历年不同发电设备实际利用小时数中的最大值近似),分别计算出各个发电集团在不同的发电设备上的过剩的装机容量。

2007年8月，国务院批准了《节能发电调度办法》，10月9日，全国节能发电调度试点工作领导小组正式成立。《办法》规定，在保障电力可靠供应的前提下，优先调度可再生发电资源，按机组能耗和污染物排放水平由低到高排序。其中，无调节能力的风能、太阳能、海洋能、水能等可再生能源发电机组列为第一序位；把有调节能力的水能、生物质能、地热能等可再生能源发电机组和满足环保要求的垃圾发电机组为第二序位。具体顺序如下：

表5-2　机组发电排序的序位表

机组发电排序的序位表	1. 无调节能力的风能、太阳能、海洋能、水能等可再生能源发电机组；
	2. 有调节能力的水能、生物质能、地热能等可再生能源发电机组和满足环保要求的垃圾发电机组；
	3. 核能发电机组；
	4. 按"以热定电"方式运行的燃煤热电联产机组，余热、余气、余压、煤矸石、洗中煤、煤层气等资源综合利用发电机组；
	5. 天然气、煤气化发电机组；
	6. 其他燃煤发电机组，包括未带热负荷的热电联产机组； 　　其中：同类型火力发电机组按照能耗水平由低到高排序，节能优先；能耗水平相同时，按照污染物排放水平由低到高排序；机组运行能耗水平近期暂依照设备制造厂商提供的机组能耗参数排序，逐步过渡到按照实测数值排序，对因环保和节水设施运行引起的煤耗实测数值增加要做适当调整；污染物排放水平以省级环保部门最新测定的数值为准。
	7. 燃油发电机组。

注：《节能发电调度办法（试行）》的部分内容。

因此，考虑到风电、光伏发电、、生物质发电、太阳能发电、核电等新能源发电设施在政策保护下一般作为基荷发电设备，被优先调用，虽然发电成本高却基本上不存在装机容量过剩问题且所占比例极小甚至完全可以忽略不计，而水电的发电成本比较低而且水能是一种可再生能源，一般也是作为基荷发电设备，很少存在装机容量过剩的情况。因此，过剩的装机容量主要是火电发电设备的装机容量。如果考虑到以上原因，各个发电集团实际的过剩装机容量其实大致上等于或略微大于火电发电设备的过剩的装机容量。因此，在计算公式中，装机容量是火电发电设备的装机容量，实际发电量是火电设备的年实际发电量,年可利用小时数也是火电设备的年可利用小时数。接下来,只要能够找到各个发电集团火电装机容量所占比例,火电设备的实际年发电量,以及火电设备年利用小时数,就可以大致估算出各大发电集团各自的过剩的装机容量。

平均发电设备利用小时表示发电厂发电设备利用程度的指标。它是一定时期内平均发电设备容量在满负荷运行条件下的运行小时数:

平均发电设备利用小时=报告期发电量/报告期的平均发电设备容量

这个指标不仅可用于一个电厂,也可用于一个省、一个跨省大电网、甚至全国范围。上面的公式计算的是发电设备在一定时期内,实际的利用小时数,它的数值会随经济的周期性波动而发生变动。火电机组的年平均利用小时还可以用下述公式计算:

火电机组年平均设备利用小时=8760h(或8784h)×设备可用率%×火电机组年负荷率%×(1-负载、事故备用率%)。

其中:发电设备可利用率考虑机组正常的计划大小修和部分临时检修,可采用90%左右;火电机组年负荷率,在水火电联合运用的电网,由于水电调峰,在电网年负荷率在75%—80%时,可达83%—88%;负载、事故备用率一般采用8%—10%。平均发电设备利用小时高,表示设备利用率高,但太高了则意味着电网缺乏必要的备用容量,因此在规划中要确定一个合适的平均设备利用小时,使电网有足够的备用容量。这种计算方法,可以计算出火电机组理论上的年平均可利用小时数。

计算年可利用小时数的指标中,采用平均值,如一年小时数可能为8760小时或者8784小时,取其平均值8772小时。火电机组年负荷率取其平均值85%(四舍五入),负载、事故备用率一般为8%—10%,取其平均值9%,可得火电机组年平均设备利用小时为6107小时。为了便于计算,不妨假设火电机组平均设备利用小时数为6000小时,即年可利用小时数为6000小时(以此数据为标准,也许会低估过剩的装机容量,因为以2005年为例,宁夏火电设备利用小时数高达7559小时)。表5-3列出了2004年五大发电集团火电装机的年利用小时数:

表 5-3　2004 年五大发电集团火电装机的年利用小时数

华能集团	大唐集团	华电集团	国电集团	中电投集团
6302	6197	5443	6426	6456

资料来源:中电联可靠性中心:《2004 年度电力可靠性指标》。

二、过剩的装机容量与新企业进入的计量分析

(一) 变量的选取

1、新企业的进入数量(ENTRY)

新企业的进入数量,以年末的企业单位数减去年初的企业单位数来衡量。在这里,新企业的进入数量是被解释变量,随着影响新企业进入决策的各个因素的变化而变化。

2、容余量(EXCAP)

容余量,即过剩的装机容量。该研究所指的容余量主要是指是火电装机容量的容余量(原因前面已经说明)。该研究的理论研究已经证明,过剩的装机容量是影响新企业进入决策的重要因素之一。因此,容余量是该研究实证分析中新企业进入数量的关键解释变量之一。

3、利率(R)

几乎所有的投资决策,包括电力项目的新增投资,都会受到金融机构贷款利率的影响。由于金融机构贷款利率是企业所投项目的资金成本或者机会成本,企业在做出投资决策时,必然会考虑到贷款利率的高低。因此,在该研究中,把金融机构基准贷款利率作为解释新企业进入的一个自变量,以金融机构基准贷款利率来表示。

4、GDP 增长率(RGDP)

新的企业是否进入市场,显然会受到市场需求的影响,尤其是新增市场需求。经济增长速度越快,新增的市场需求就越大,潜在竞争者受到的吸引力就越大。由于电力需求与 GDP 增长紧密相关,在此我们以 GDP 增长率代替电力需求的增长率作为一个自变量来解释新企业的市场进入。

(二) 模型与数据来源

基于以上的讨论,新企业进入的函数可以用下式来表示:

$$ENTRY_t = f(RGDP_{t-2}, EXCAP_{t-2}, R_{t-2})$$

式中 $ENTRY_t$ 表示 t 期的市场进入数量，$RGDP_{t-2}$ 表示 t-2 期的国内生产总值增长率，$EXCAP_{t-2}$ 表示 t-2 期的容余量，R_{t-2} 表示 t-2 期的贷款利率。自变量之所以选择 t-2 期的数值，原因在于从决定建造一个新的发电厂到开始运营，存在着两年的滞后期，也就是说，t 期实际发生的新企业进入取决于该企业在 t-2 期的市场状况及其做出的相应进入决策。

由于该研究的实证研究用到了大量的数据，因此，有必要在此交代一下相关数据的来源。金融机构的贷款利率（R）数据来源于中经网统计数据库；GDP 增长率（RGDP）数据来源于国家统计局公布的历年中国统计年鉴；计算容余量（EXCAP）所需要的装机容量数据和实际发电量数据主要来源于历年的《中国电力统计年鉴》，还有少量的一些数据来源于历年的《中国电力行业年度报告》、《中国火电行业风险分析报告》和《中国水电行业风险分析报告》等研究报告；计算新企业单位数（ENTRY）的数据来源于中经网统计数据库。

（三）计量经济分析与实证结果

为了防止出现伪回归，在使用 OLS 方法估计前，需要检验数据的时间序列特征。如果各变量都是平稳序列，则可以进行回归分析，否则还需要检验各变量之间是否存在协整关系。我们采用 ADF 和 Philips-Person（PP）的单位根法来检验各变量的平稳水平，经检验，ENTRY、EXCAP、RGDP、R 均是平稳的，因此，不存在伪回归问题。

该研究的回归结果如下表所示：

表 5-4　OLS 估计结果

变量	系数	标准差	t 统计量	P 值
常数	24.2417	71.5338	0.34	0.74
R_{t-2}	−9.0821	7.7826	−1.17	0.28
$EXCAP_{t-2}$	−0.0106**	0.0054	−1.98	0.09
$RGDP_{t-2}$	24.8030***	5.9190	4.19	0.00
R^2	0.75			

续表

变量	系数	标准差	t 统计量	P 值
D.W.	2.2156			
F 统计量	6.82**			0.02
AIC	10.0346			
SC	10.1793			

注：*、**、***分别表示在1%、5%和10%的显著性水平下显著。

从而得到的回归方程为：

$$ENTRY_t = 24.2417 - 9.0821R_{t-2} - 0.0106EXCAP_{t-2} + 24.8030RGDP_{t-2}$$

从表 5-4 中可以看出，过剩的装机容量与 GDP 增长率的系数分别在 5% 和 10% 的显著性水平下是显著的。从自变量系数的正负来看，各个自变量与因变量之间的经济关系均符合理论预期。然而，贷款利率的系数是不显著的。我们认为，这可能是由于在改革开放以后的大部分时间里，中国实行都是"还本付息"的价格规制方式，即发电企业在规定期限内还清电力项目投资贷款的本息，在此之后按发电企业平均利润水平计算。在这种规制制度下，企业无须担心资本的成本问题，相比其他行业，电力生产企业对金融机构的贷款利率反而不那么敏感了。由于这些实际原因，尽管贷款利率是影响市场进入的重要因素，但在模型中是不显著的，因此实证分析中可以不再考虑贷款利率对新企业进入的影响，重新进行计量分析并得到如下回归结果：

表 5-5　无贷款利率的 OLS 估计结果

变量	系数	标准差	T 统计量	P 值
常数	-36.8868	49.80488	-0.740625	0.4801
$EXCAP_{t-2}$	-0.0111**	0.005449	-2.042960	0.0753
$RGDP_{t-2}$	25.5499	6.015884	4.247074	0.0028
R^2	0.6956			
D.W.	1.9341			
F 统计量	9.1418*			0.008583

续表

变量	系数	标准差	T 统计量	P 值
AIC	10.0306			
SC	10.1391			

注：*、＊＊、＊＊＊分别表示在1%、5%和10%的显著性水平下显著。

从而得到新的回归方程为：

$$ENTRY_t = -36.89 - 0.01EXCAP_{t-2} + 25.55RGDP_{t-2}$$

去除贷款利率以后，过剩装机容量与 GDP 增长率仍然分别在1%和10%的显著性水平下显著，且系数变化不大，说明贷款利率对新企业进入不具有太大的影响和作用。从以上计量分析结果中，可以看出，新企业的进入数量与过剩装机容量呈现出负相关的关系，即过剩的装机容量阻止了新企业的进入。从数量关系上来看，如果过剩的装机容量新增加 1000 千瓦，则可以减少 10 家左右的新企业进入。另外，经济增长率对新企业的进入数量影响较为明显，GDP 增长率每提高一个百分点，就可以多吸引约 25 家新的发电企业进入，这说明整体的经济发展状况或者说市场需求对新企业的进入数量影响较大。

（四）模型的修正

以上经济计量模型证明了，发电市场上存在的过剩装机容量对新发电企业的进入产生了不利的影响。然而，以上模型忽略了一个极其重要的变量，即新发电企业的构成。为了考察在位垄断者设置过剩装机容量的行为与潜在竞争者的进入之间的关系，需要区分新增的发电企业中哪些是在位垄断者注册成立的新企业，哪些是其他外部资本的进入成立的新企业。因而，可以考虑采用过剩装机容量结构构成方面的数据，重新估算出由潜在竞争者进入形成的新企业数量，这样才能更好地反映出内生性进入壁垒与潜在竞争者进入之间的真实关系。由于数据可得性的原因，可以查找到的数据仅有 2004 年—2009年 6 年的数据，作为计量经济模型，数据显得过于短少，无法进行计量分析。

然而，从图 5-3 新增装机容量的构成数据中可以看出，近年来，新增装机容量越来越多地被在位的五大发电集团所占有，而由潜在进入者的进入形成的新增装机容量越来越少。因此，可以推断，在修正后的模型中，在位企业设置的过剩的装机容量对潜在进入者的进入的不利影响会更加显著。

第三节　寡头发电企业的规模经济

一、规模报酬指数

中国目前的发电机组主要以火力发电为主。随着火电单机容量的增加,火电单位煤耗、烟尘和二氧化硫等污染物的排放减少。60 万千瓦超临界燃煤机组供电煤耗约为 320 克/千瓦时,比 10 万等级机组的供电煤耗可节省 104 克标煤,每发一度电少排放 23 克二氧化碳和 1.03 克二氧化硫;100 万千瓦超超临界燃煤机组供电煤耗约为 291 克/千瓦时,节省燃煤更为显著。从大型企业层面(以华能为例)来看,装机容量与供电煤耗大体上也有一定的反向变化关系。2001 年—2008 年华能集团装机容量(火电装机超过 90%)从 3003 万千瓦增加到 8586 万千瓦,供电煤耗由 345.78 克/千瓦时降低到 335.78 克/千瓦时。然而,从历史数据中可以发现,在 2003 年至 2008 年装机容量逐年大幅递增的情况下,供电煤耗下降幅度并不明显,个别年份的供电煤耗甚至不降反升。如果考虑到"上大压小"等单机机组设备升级的因素,大型发电集团可能并不存在规模经济性[1]。

构建规模报酬指数来考察大型发电寡头企业集团生产过程中的规模报酬情况:

规模报酬指数 = $(\triangle y/y)/(\triangle x/x)$

$\triangle y/y$ 产出变化率

$\triangle x/x$ 投入变化率

在投入与产出变化率均为正值的前提下,可以得出以下结论:

(1)规模报酬指数<1,代表规模报酬递减;

(2)规模报酬指数 = 1,代表规模报酬不变;

(3)规模报酬指数>1,代表规模报酬递增。

---

[1]　丁翠翠:《中国城镇化、居民消费对环境污染的影响效应——基于省际面板数据的实证研究》,《河北经贸大学学报》2014 年第 3 期。

由于需求波动等因素对发电量时间序列的影响较大,这会使规模报酬指数产生不必要的偏差。该研究采用三项移动平均法对 2004 年—2007 年的装机容量与发电量时序数据进行平滑,使不规则变动得到消除。然后,依据以上公式可以求得 2005 年—2007 年中国发电市场上五大发电集团的规模报酬指数如下:

表 5-6　2005 年—2007 年五大发电集团的规模报酬指数

	华能	大唐	华电	国电	中电投
2005	0.73	0.86	0.77	0.84	1.14
2006	0.64	0.86	0.87	0.59	0.88
2007	0.50	0.74	1.40	0.62	0.75

数据来源:作者整理计算得到。

总体上看,2005 年以来,五大发电集团的规模报酬指数小于1,规模报酬递减。就各大发电公司而言,华电集团的规模报酬指数逐年变大,2007 年实现规模报酬递增。其他四家发电集团,规模报酬递减且规模报酬指数越来越小,这说明相对于其他要素投入量,装机容量投入过多。尤其是中国最大的发电企业——华能集团,规模报酬指数远小于其他发电集团,这说明,装机容量最大的华能集团规模经济状况最差[1]。

二、基于 DEA 方法的规模经济分析

(一) DEA 方法

DEA 是一种射线效率衡量(Radial Efficiency Measure)的方式,其值小于或等于1。若 DEA 效率值小于1,则被判定为无效率单元,表示其他决策单元(DMU)可利用更少的投入取得与该决策单元相同的产出或者相同的投入取得更多的产出。DEA 方法可同时处理不同决策单元的投入产出项,以线性规划法求出各决策单元的效率值,无须事先得知投入与产出之间的函数形式,从

---

① 李世新、于左:《垄断产业放松进入规制后的博弈与效率分析——以中国发电市场为例》,《山西财经大学学报》2010 年第 6 期。

而避免生产函数的设定误差,并可为决策者提供改善效率值的方法。以单一投入产出的生产函数为例,如图 5-5 所示,X 表示投入,Y 表示产出,连接最外围 DMU 即成数据包络线,凡落在生产前沿形成的包络线上的点为相对有效率的 DMU;反之,落在包络线以内的点为相对无效率。

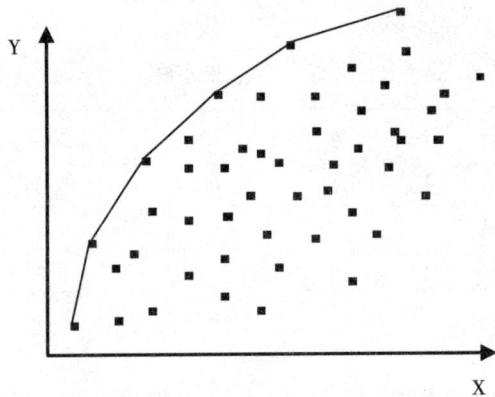

图 5-5　由有效 DMU 组成的数据包络

(二) 使用 DEA 的前提假设检验

根据 Golany&Roll(1989)的经验准则,DEA 方法要求受评估的 DMU 个数至少是产出与投入变量个数总和的 2 倍,该研究选取的 DMU 个数大于两者总数的 2 倍,因此满足经验准则的要求;其二,投入与产出变量要符合同向性假设,即产出与投入的增减做同向变动,各大发电公司的装机容量与发电量均符合同向性假设;其三,DMU 要符合同质性要求,即各 DMU 具有相同的组织或投入产出项;其四,有些异常值的 DMU 应被剔除,以免影响整体的效率估值。经检验,该研究选取的 2004 年—2007 年各大发电公司装机容量与发电量数据不存在异常值,且满足以上各项前提假设的要求。

(三) DEA 模式的选择

1、规模报酬模式的选择

规模报酬系指投入量与产出量同时增加或者减少的倍数是否相当,两者倍数相同表示规模报酬不变,产出增加倍数大于投入增加倍数表示规模报酬递增;反之,为规模报酬递减。不变规模报酬(CRS)模式可以评估综合效率

(Overall Efficiency，OE)，变动规模报酬(VRS)模式则是评估技术效率(Technical Efficiency，TE)。不变规模报酬模式是所有 DMU 一起比较的效率评估，变动规模报酬模式则是与条件相当的受评单元来做比较，其间的差异即在受评单元的生产规模是否相当。该研究选择使用 VRS 模式进行分析。

2、导向模式的选择

DEA 的导向模式可分为投入导向(input-oriented)与产出导向(output-oriented)，投入导向模式适用于对投入量可加以控制的情况，即将现有产出值固定来计算投入要素可以缩减的部分。若是对产出量可加以控制的情况，采用产出导向模式，即将现有投入量固定来计算产出要素可以扩张的部分。正确导向模式的选择，视决策单元对投入、产出项目的控制能力而定。从发电公司生产的角度来看，投入项目即装机容量处于公司可自行调整的范围，而产出项目即发电量是由各级电力调度中心依据价格与技术因素统一调度，发电公司无法任意调整产出量，故本研究采用投入导向的 DEA 模式来探讨各发电公司的相对效率，其观点是以目前的产出水平应使用多少投入为优。

(四) BCC 模型的分析与求解

该研究选取中国发电市场上最大的五家集团公司作为决策单元，采用 BCC 模型，通过对各公司的数据包络拟合，来判断各大发电集团的发展是否达到了规模与技术相对有效。为了便于分析，该研究选用一项产出和一项投入模型。

表 5-7　2004 年—2007 年中国五大发电集团的投入产出数据

序号		1	2	3	4	5
DMU		华能集团	大唐集团	华电集团	国电集团	中电投集团
2004	装机容量	3356.66	3353.40	3079.00	2930.39	2795.80
	发电量	1947.80	1733.70	1384.20	1681.00	1306.35
2005	装机容量	4321.40	4165.55	3881.00	3506.00	3238.67
	发电量	2564.15	2097.70	1629.28	1904.00	1437.80
2006	装机容量	5719.00	5406.00	5004.60	4445.00	3780.00
	发电量	2820.00	2516.21	1995.00	2259.10	1725.20

续表

序号		1	2	3	4	5
	DMU	华能集团	大唐集团	华电集团	国电集团	中电投集团
2007	装机容量	7157.60	6482.00	6302.41	6006.00	4300.00
	发电量	3271.40	3047.57	2563.00	2652.80	1911.00

注:装机容量:万千瓦;发电量:亿千瓦时

数据来源:《中国电力年鉴》(2004 年—2005 年)、中电联及五大集团公司网站(2006 年—2007 年)。

建立 BCC 模型,如下:

$$s.\ t.\ Maxh_k = \sum_{r=1}^{s} u_r y_{rk} + u_k$$

$$\sum_{i=1}^{m} v_i x_{ik} = 1$$

$$\sum_{r=1}^{s} u_r y_{rj} - \sum_{i=1}^{m} v_i x_{ij} + u_k \leq 0$$

$$u_r \geq \varepsilon > 0; v_i \geq \varepsilon > 0$$

$$j = 1, 2, \ldots, n$$

式中:

x_{ik}——第 k 个 DMU 的第 i 项投入值

y_{rk}——第 k 个 DMU 的第 r 项产出值

u_r——第 r 项产出的权系数 v_i——第 i 项投入的权系数

h_k——第 k 个 DMU 的相对效率值 n——DMU 个数

s——产出项个数 m——投入项个数

其中 ε 为一极小正数,Charnes et al.(1978)称之为非阿基米德数(non-archimedean small number),在实际应用上一般设定为 10^{-4} 或 10^{-6},目的是使所有的 u_r 和 v_i 权系数均为正,代表任一因子均不可忽略不计。u_k 为判断规模报酬的变量,当 $u_k > 0$ 时,表示该 DMU 处在低于最优生产规模的状态下生产,即规模报酬递增(Increasing Returns to Scale, IRS);当 $u_k = 0$ 时,表示该 DMU 处于最优生产规模状态,有最优解产生,属于规模报酬不变(Constant Returns to Scale, CRS);当 $u_k < 0$ 时,表示该 DMU 处在高于最优生产规模的状态下生产,即规模报酬递减(Decreasing Returns to Scale, DRS)。

将上式转换为对偶规划问题如下：

$$Min \left[\theta_k - \varepsilon \left(\sum_{i=1}^{m} s_i^- + \sum_{r=1}^{s} s_r^+ \right) \right]$$

s. t.

$$\sum_{j=1}^{n} x_{ij} \lambda_j + s_i^- = \theta_k x_{ik}$$

$$\sum_{j=1}^{n} y_{rj} \lambda_j - s_r^+ = y_{rk}$$

$$\sum_{j=1}^{n} \lambda_j = 1, \lambda_j \geq 0$$

$$s_i^- \geq 0, s_r^+ \geq 0$$

当该线性规划的解为 $\theta_k{}^*, s_i^{-*}, s_r^{+*}$ 时，有以下结论：

1、若 $\theta_k{}^* = 1$ 且 $s_i^{-*} = s_r^{+*} = 0$，则 DMU 有效；

2、若 $\theta_k{}^* = 1$，则 DMU 弱有效；

3、若 $\theta_k{}^* < 1$，则 DMU 无效。

s_i^-、s_r^+ 分别为投入 x 与产出 y 的松驰变量（Slack Variable）与剩余变量（Surplus Variable），是线性规划中将不等式转化为等式常用的变量，可用来衡量纯技术无效率，进而得知改善的方向以及大小。变量 θ_k 则为强度因子（intensity factor），对应于原规划问题中的等号约束式，表示所有投入量可等比例增减的潜在程度，所衡量的是整体无效率；另根据对偶性质，此变量的数值可正可负，但实际上此变量代表的是决策单元的效率值，因此其最佳解值一定是正值[1]。λ_j 为对偶形式中松驰变量的对偶价格，$\lambda = (\lambda_1, \cdots, \lambda_n)$ 表示一个连结所有数据成多面体的向量，$\lambda_j \neq 0$ 所对应的 DMU_j 会成为决策单元 DMU_k 的效率前沿参考集（reference set），即 DMU_k 效率是以集合中的 DMU_j 为参考标准。

通过 Deap2.1 软件实现以上对 BCC 投入导向模型的求解，具体结果如表2 所示：

---

① 李修飞：《钢铁企业面向订单的集成生产计划管理技术研究》，大连理工大学 2008 年博士学位论文。

表 5-8　2004 年—2007 年基于 DEA 方法的五大发电集团效率分析结果

	序号	1	2	3	4	5	
	DMU	华能集团	大唐集团	华电集团	国电集团	中电投集团	mean
2004	综合效率	1	0.891	0.775	0.989	0.805	0.892
	技术效率	1	0.899	0.917	1	1	0.963
	规模效率	1	0.991	0.845	0.989	0.805	0.926
	规模报酬	——	irs	irs	irs	irs	
2005	综合效率	1	0.849	0.708	0.915	0.748	0.844
	技术效率	1	0.899	0.863	1	1	0.952
	规模效率	1	0.944	0.82	0.915	0.748	0.885
	规模报酬	——	irs	irs	irs	irs	
2006	综合效率	0.970	0.916	0.784	1	0.898	0.914
	技术效率	1	0.93	0.822	1	1	0.951
	规模效率	0.97	0.984	0.954	1	0.898	0.961
	规模报酬	drs	drs	irs	——	irs	
2007	综合效率	0.972	1	0.865	0.939	0.945	0.944
	技术效率	1	0.881	0.953	1		0.967
	规模效率	0.972	1	0.982	0.986	0.945	0.977
	规模报酬	drs	——	irs	irs	irs	

注:"ins"代表规模报酬递增;"drs"表示规模报酬递减;"——"代表规模报酬不变。

(五) 实证结果的分析

从表 2 中可以看出,中国最大的发电主体华能集团 2004 年—2007 年技术效率一直保持为最优,这说明华能集团的技术设备是最好的,综合效率在 2004 年—2005 年也保持最优。但是,由于 2006 年—2007 年连续两年规模报酬递减,规模效率和综合效率也明显下降。相反,装机容量最小的中电投集团在 2004 年—2007 年连续四年保持规模报酬递增,规模效率提高,综合效率也得到很大的提升。这说明,在中国发电市场上,不存在规模越大、效率越高的情况,相反,相对于小型发电企业,大型发电企业呈现出规模报酬递减、规模效率降低的趋势。

将全国总装机容量增长速度和五大发电寡头企业装机容量增长速度放在

一起进行比较研究,可以发现五大发电寡头企业的装机容量增长速度远远高于全国平均水平,由此可知,民营和外资企业的市场份额不断下降的原因在于受到了寡头发电企业生产能力扩张的挤压。放松进入规制以后,电力部门出台了很多鼓励新企业进入发电市场的相关政策。2004 年 7 月,国务院出台了《国务院关于投融资体制改革的决定》,鼓励社会资本进入法律法规未禁止进入的基础设施、公用事业及其他行业。从中央政府到电力部门,都在鼓励外部资本参与到发电市场的竞争中来,但现实中却是外部资本进入发电市场的步伐放慢甚至是倒退了。2000 年—2009 年间是中国经济发展速度非常快的十年,电力需求旺盛,民营和外资企业却没有像五大发电寡头那样大规模地积极进入发电市场,近年来反而出现了市场份额逐年下降的情况。这种不断降低外生性进入壁垒的政策取向与外部资本逐渐止步于发电市场的现实发展相背离的状况,体现了中国发电市场已经出现了较强的内生性进入壁垒。

从 2004 年—2008 年新增装机容量增长速度可以看出,全国新增装机容量的增长速度远高于 GDP 的增长速度和实际电力需求的增长速度,而五大发电集团新增装机容量的增长速度又远高于全国新增装机容量的增长速度,从而可以说明过剩的装机容量是五大发电集团的高速扩张造成的。然而,对五大发电集团规模效率的研究发现,其装机容量的快速增长并非是为了达到规模经济的要求或利润最大化的要求。

由于电力生产企业单位数只能得到 1999 年及之后的数据,在使用计量分析工具时,显得样本数量过于单薄,影响了该研究回归结果的可信度。可以预期,如果把更早年份的数据加入到时间序列中,得到的分析结果会得到加强。总的来说,该研究付出了大量的努力以确保实证研究结果的真实可靠。尽管该研究的实证分析没有证明在位企业的意图,但研究结果仍然是有意义的。具体来说,无论是什么原因造成的,实证结果确实表明了在位垄断企业装机容量严重过剩以及过剩的装机容量阻止了新企业进入。很显然,这种内生性进入壁垒在一定程度上是存在且有效的,并且对发电市场的绩效造成了不利影响。

第六章 内生性进入壁垒对中国发电市场的影响与政策建议

第一节 内生性进入壁垒对中国发电市场的影响

一、导致资源浪费并引发金融风险

电力产业的特征之一就是投资所需的资金量巨大,大型的发电项目往往需要数百亿甚至几千亿资金量,一旦闲置不用,随着新发电技术的不断出现,发电设备可能还没有机会得到充分利用便面临着退出市场的风险,从而造成巨大的社会经济资源的浪费。例如,"二滩弃水事件"带来的巨大负面影响,甚至震惊了当时的国务院总理朱镕基。另外,随之而来的是为这些发电设备提供资金支持的金融机构。发电企业贷款金额巨大,银行信贷资金集中,如果投产后的发电设备达不到一定的年利用小时数,企业经营出现亏损,无法如期偿还银行贷款,则极易诱发信贷风险,增加金融市场的经营风险。以河南安阳为例,2006 年安阳市银行机构向 11 个产能过剩行业中的 7 个行业共投放信贷资金 61 亿元,占全市信贷总量的 20.33%,其中不良贷款率为 14.47%,其中电力行业占 16.92%,不良贷款率为 9.07%。对于发电市场中的大型寡头垄断企业而言,因为其具备一定的国资央企背景,银行多年进行大力支持,投入了大量的信贷资金,一旦停止资金供应,这些企业很容易陷入资金困境,影响银行的还款能力,使银行面临两难选择。电力专家韩晓平认为,中国式金融危机极有可能通过实体经济的途径爆发,虽然目前银行体系投放于电力行业的总贷款量并没有具体数字,但 2005 年开始每年全国新增电力发电量都在 1 亿千瓦以上,按照每千瓦平均投入 5000 元来计算,每年新增于电力行业的贷款就在 5000 亿元以上,而电力行业是个回报周期比较长的行业,一个项目的还贷时间在20年—30年,由此带来的金融风险积累不容小视①。电力生产业的银行贷款基本上集中于五大发电集团,这说明电力贷款风险集中度较高②。由于电力生产业的固定资产折旧率非常高,如果发电设备开工不足,将对银行信贷将产生严重影响。

二、使得发电市场的集中度不断提高

当发电市场上的装机容量供大于求时,就会导致发电机组闲置或者利用小时不足,然而,企业仍然要面对银行贷款的资本成本,不得已只能选择破产清算或者被大型发电企业兼并。最近几年,中国发电市场的现实情况完全印证了这一点。凭借着大型央企的先天性优势以及政府补贴,五大发电集团在发电市场上除了自我膨胀,还攻城地,装机容量得以迅猛增长。与此同时,由于发电市场的供给能力已经饱和,发电设备的实际年利用小时数总体呈现出下降趋势,发电量指标成为一种稀缺资源,需要参与政府主导下的竞争才能得到,原则上按照边际成本低的发电机组优先调度。然而,根据我们2009年7月在山西省大同市某大型发电公司的调研,发电量指标的竞争并不完全是一种公平的市场竞争,其中包括了大量的寻租行为与政府行政干预。中小发电企业,尤其是民营企业,在与大型国有企业发电量指标的竞争中显然处于非常不利的地位,再加上煤炭价格不断上涨的成本压力,只能选择退出发电市场。而国外资本在市场供给饱和的预期下,也加快了退出中国发电市场的步伐,甚至出现了一元钱甩卖一个发电厂的事件。很显然,五大发电集团过剩的装机容量挤占了发电市场中其他企业的发展空间,迫使其他发电厂商退出市场,造成中国发电市场的集中度不断提高的局面。当然,发电企业退出市场也有成本压力和竞争力不强等自身的因素,但是,过剩的装机容量形成的进入壁垒令潜在竞争者对发电市场望而却步,令在位的中小发电企业机组利用率低于正常水平,这些才是导致市场集中度不断提高的根本原因。同样面对煤炭价格上涨的巨大成本压力,五大发电集团的市场份额从市场结构重组后的30%左

---

① 张顺生:《电站锅炉行业现状与发展趋势分析》,《电器工业》2009年第1期。
② 张云飞:《我国电力行业运行情况剖析》,《电器工业》2009年第2期。

右提高到目前的50%以上,而新企业的进入却越来越少,已经进入的外部资本市场份额也越来越小。短短几年的时间,发电市场的集中度提高了接近一倍。

三、滋生市场势力,减少消费者福利

在完全竞争市场上,存在着大量的买方和卖方,每一个买方和卖方都是市场价格的接受者,任何市场参与者都很小以至于无法控制市场价格,这样市场价格才能准确地反映市场供求关系,从而实现资源的优化配置。现实经济中,几乎所有的市场既不是完全垄断的,也不是完全竞争的,而是介乎其中。但是,即使市场上只有少数几个主要的生产厂商,它们的行为也很像垄断者,能够在一定程度上决定市场价格。它们很清楚它们不是价格的接受者,而是可以通过减少市场供给量而提高市场价格并取得超额利润,我们说这些主要的生产厂商就拥有了市场势力。如果买方或卖方中的任何一方能够操纵市场价格,滥用其拥有的市场势力,那么就会造成价格机制失灵,无法正确反映市场供求关系的变化,不利于资源的优化配置,并减少社会总福利。

一些人认为,生产能力过剩会造成相关产品价格的下跌,起码消费者可以获得更多的消费者福利。然而,如果过剩的生产能力被控制在少数垄断企业的手中,那么结果可能就大不一样了,尤其是在发电市场上,过剩的生产能力会滋生垄断厂商的市场势力并造成电力价格的上涨。正如该研究模型分析中得出的结论,发电市场的产能过剩是寡头发电企业造成的,中小发电企业不会参与。该研究的技术经济特征中已经说明,竞争性批发市场的现货价格是由最后一单位边际机组的发电成本决定的,而不是由社会平均成本决定的。对于一般商品,如果厂商的生产成本低于社会平均成本,就可以得到超额利润,而对于发电厂商而言,则大不相同,只要发电厂商的机组发电成本低于最后一单位边际机组的发电成本就可以获得超额利润,因为电力价格是由调度的发电机组中成本最高的机组决定的。对于规模较小的发电厂商,如果它所有的发电机组的生产成本低于最后一单位发电机组的成本,则它减少发电出力获得的收益不足以弥补其损失,因此这些发电厂商没有动力操纵市场价格;如果它所有的发电机组的生产成本均很高,则这些发电厂商从减少发电出力中获

得的收益也很小,因此这些厂商也没有动力操纵市场价格。而对于规模较大的寡头发电企业来说,通过"设备检修"停止运行一部分机组,使系统调度机构不得不调度边际成本较高的发电机组,导致现货市场交易价格大幅度提高,这样可以使它拥有的其他所有的发电机组都能从中受益,因而其滥用市场势力的激励就很强。事实上,2000年—2001年发生在美国加州的电力危机已经证明了这一点。为了操纵现货市场的电力批发价格,仅有的几家发电公司默契合谋,寻找各种借口撤出一部分发电机组,导致加州电力危机雪上加霜。CAISO(加州独立系统运营商)市场分析部事后调查了2000年5月、6月的市场状况,有足够的证据显示,加州的五家发电商中的四家在30%的时间内使用实物囤积策略(Physical Withholding),另一家发电商在90%的时间里采用实物囤积策略,几家发电商在几乎所有的时段都在利用它们的市场势力来牟取暴利。CAISO还分析了发电厂商的滥用市场势力行为对消费者福利的影响,结果表明,在2000年批发电力支出的30%能够被归结于市场势力的作用,而且,市场势力的滥用,迫使CAISO多次宣布系统紧急状态,加州的电力消费者多支付了68亿美元,其中80%的支出增加发生在非紧急状态时间,发电厂商能够在不到两年内收回一个新电站的投资。CAISO的结论是,在2000年5月—9月期间,大部分高电价是由于发电厂商滥用市场势力造成的,市场缺乏竞争,导致电价大大高于竞争性市场相对应的价格,严重损害了消费者福利。

当然,并非所有的市场高价都是由于市场势力造成的。即使在竞争性的市场中,当发电的装机容量供不应求时,电力价格也会提高并高于边际成本,但这只是稀缺租金。发电厂商滥用市场势力的行为,表现为单方面限制发电机组的出力,进而控制供应市场的装机容量和发电量。按照进退无障碍理论的观点,进入情况对厂商的市场势力具有决定性的影响,如果进入发电市场是相对容易的,那么即使一个拥有较大市场份额的厂商也不可能长期制定高于边际成本很高的价格,因为自由进入市场的新厂商可以顶替垄断厂商减少的装机容量和发电量。但是,由于发电市场存在着过剩的装机容量形成的内生性进入壁垒,新的企业难以进入发电市场,因为即使进入也无利可图。在这种情况下,垄断厂商成功利用市场势力的秘诀就是要有足够多的其他发电机组,因为其他机组发电提高的价格在弥补限制可调容量造成的损失后还有盈余。

四、规模不经济,不利于提高市场绩效

为了阻止其他企业进入发电市场,维持其垄断地位,寡头发电企业可能因此而放弃规模经济的要求甚至不考虑是否盈利来扩大其生产能力。理论上,这对于整个行业的市场绩效来说显然是不利的。该研究的实证分析也已经证明,中国的寡头发电企业中,装机容量规模越大的企业规模和技术效率反而越低。从长期来看,随着经济的繁荣和市场需求的增长,这些过剩的装机容量仍有可能得到充分利用,并具有先占优势,对寡头发电企业来说,是一种理性的行为。但从短期来看,一方面这种过剩生产能力造成的内生性进入壁垒阻止了具有更高生产效率的新企业进入市场,另一方面对寡头发电企业本身利润最大化的目标实现也有不利影响。如果单纯从竞争的角度来看,寡头发电企业的策略性行为妨碍了发电市场正常的竞争秩序,减少了相关企业降低发电成本的压力和动力,不利于提高整个发电市场的效率。

第二节　减少发电市场内生性进入壁垒的政策建议

一、装机容量的结构性、区域性调整

发电市场保持适度的容量过剩对电力市场竞争机制的发挥是十分有益的,然而,如果过剩的装机容量集中于少数几家大型发电企业,不仅不能够促进市场竞争机制,反而会形成垄断和市场势力,限制市场竞争机制的发挥。因此,目前中国面临的主要问题不是如何消除过剩的装机容量,而是如何调整容量市场结构,防止形成少数几家独立发电企业垄断发电市场的局面。从该研究的实证研究可以看出,过剩的装机容量主要存在于五大发电集团,因此解决中国发电市场的关键在于遏制寡头发电企业容量扩张的冲动,同时提高外部资本进入发电市场的积极性。

从该研究的分析中可以看出,企业层面(尤其是企业集团层面)并不存在明显的规模经济性,单机容量对供电效率的提高才是根本。又由于五大集团规模报酬递减,对中国大型发电主体应巩固并继续深化拆分政策。一方面是为了降低大型企业的管理成本,另一方面是为了防范发电市场的市场势力问题。对电力产业市场力量防范的最根本措施是发电环节引入竞争,分拆那些

装机容量过多的发电厂商。在英国电力产业市场化改革的初期阶段,市场势力产生的一个主要原因就在于几家大型发电厂商过高的市场份额,而最终解决这一问题的办法就是针对发电市场进行第二次结构重组,继续拆分发电市场中的大发电厂商。阿根廷电力市场化改革的成功经验就在于阿根廷在市场结构重组时,采用了分别出售每一个发电厂的方法,避免了装机容量集中于少数几家大企业的情况。许多实行市场化改革的国家限制单个厂商的市场占有率,如美国的一些区域电力市场规定不能超过 10%,否则将要求该公司出售超过规定的装机容量。反观我国的情况,在一些区域电力市场上,一些发电集团的装机容量占到当地总装机容量 90%以上。因此,针对发电市场的第二次市场结构重组仍应作为我国电力产业市场化改革的主要方向之一。

中国发电市场装机容量过剩是总体性的,但是呈现出地区性的不平衡。在经济发达地区的负荷中心,装机容量相对不足,而在经济不发达地区,装机容量相对过剩,造成这一现象的原因在于输电网络的供给不足,无法把装机容量过剩区域的电力输送到装机容量相对不足的区域。例如,长期以来,我国水电装机主要集中在云南、广西、四川等西南地区,火电主要集中在山西、内蒙古、东北等地区,这些地区的经济相对于江苏、浙江、广东等沿海地区比较落后,距离较远,多余的电力无法输送到电力装机相对不足的经济发达地区,造成了部分省份的电力季节性短缺,而与此同时,电力富余地区的装机容量大量空闲。因此,该研究认为,中国发电市场的装机容量是充足的,除了价格体制的因素以外,电力短缺的主要原因在于输电网络的供给不足,而不是整体装机容量的不足造成的。大量投资于电源建设的思路是有问题的,基于电力产业的技术特征,电源建设与输电网络的建设应该是协调发展的,而目前我国的现状恰恰是输电网络投资不足而电源建设大量过剩。如果解决了输电问题,则中国发电市场的过剩装机容量就会被释放出来,一方面可以通过区域间电力交易解决中国负荷中心的电力短缺问题,另一方面也可以减少中国发电市场的进入壁垒,提高发电市场的资源配置效率。

二、发挥反垄断政策的作用

在发电产业市场化改革以前,电力产业中的发电、输电、配电和售电是纵向一体化的,各个环节只是电力产业的部分业务,它们之间通过管理协调而不是通过市场交易发生联系,每个环节没有直接的竞争者。在电力产业纵向分拆以后,发电环节与其他环节之间不再通过管理协调,而是通过市场交易发生联系,从事发电业务的企业之间形成了竞争关系,发电业务成为了一个独立的、自由竞争的市场或者产业。由此,反垄断政策便具有了适用于发电市场的理论基础。在西方反垄断案件中,合理推定逐渐取代了本身违法成为判定是否为垄断的执法原则,也就是说,反垄断政策主要是针对电力市场中的垄断行为,而不是垄断结构。发电企业利用策略性行为阻止新企业进入也应该纳入到反垄断法的管辖范围之内。

在 1945 年具有里程碑意义的美国制铝业反垄断决议中,美国二级巡回法庭的大多数成员认为,美国铝业公司投入过度资本去阻止潜在竞争者进入精炼铝行业。法官的判决为:

"美国铝业公司并没有必要预先扩大其工业纯铁的需求量和补给量,并没有外力迫使其在该行业没有其他进入者的情况下一再扩大其生产能力。虽然该公司一再坚持它从来没有排挤竞争者,但是我们认为新进入者面临着生产能力已经高度整合的、具有先进经验、拥有交通优势和先进员工的组织,这已是对竞争者最有效的排挤了。"

在 1968 年—1982 年间,西夫韦在加拿大西部的超市业中占主导地位。West 与 Von Hohenbalken 研究了埃德蒙顿、阿尔伯达地区的超市后认为,"如果西夫韦想保持其对超市的决定权,那么它必须在有新的竞争者加入前建立新的超市。换句话说,它必须率先建立新店并承担因此带来的过度的资本投入。"在 20 世纪 60 年代 Dominion、Tom Boy 和 Loblaws 在竞争者可能建立超市的地区不断开设新店。例如,数据显示在 1968 年—1973 年间,西夫韦建立了10 家新店而只关闭了 2 家老店。西夫韦的做法导致在 1972 年一项反对企业的垄断案例,在 1973 年,西夫韦签署了一项为期三年半的限制其在埃德蒙顿地区总面积扩张的法令,因此在 1974 年—1977 年间,西夫韦仅开了 4 家新店而关闭了 7 家老店。

根据以上美国案例中的评判标准,中国发电市场显然存在着在位垄断企业过度资本化阻止潜在竞争者进入发电市场的问题。自从 2008 年中国颁布

《反垄断法》以来,针对电力产业是否适用于《反垄断法》一直存在着非常大的争议。一些学者认为,电力产业是关系到国家经济命脉的基础性产业,应该被反垄断法所豁免。然而,笔者认为,电力产业已经被分解成为了若干个子产业,不再是铁板一块的基础性产业,具体就发电市场而言,发电企业的作用显然大大降低,不会威胁到国家经济安全,反而是在位垄断企业的一些市场行为威胁到了社会总福利。随着竞争性发电市场的建立,经济性的垄断行为将取代进入规制成为阻碍市场竞争的主要障碍,如果没有反垄断政策的威慑,将会出现严重的市场势力问题。发电企业属于公用事业,西方发达国家在公用事业引入竞争机制的改革之前,反垄断法原则上是不适用的,即"一般豁免,例外适用",也就是所谓的公用事业企业限制竞争行为在反垄断法上的豁免制度。然而,现在这一制度已经发生了根本性的变化。德国《反限制竞争法》第六次改革(1998)和澳大利亚启动的竞争政策改革(1995),都对公用事业不再一般地适用例外,而是要求其原则上适用反垄断法。在美国,司法部(DOJ)和联邦贸易委员会(FTC)也早已开始调查电力市场的反竞争效应。中国的发电市场集中度不断提高,为未来竞争性电力市场的发展带来了隐患,而要解决竞争性市场的垄断问题,反垄断政策应该发挥其应有的作用。

三、减少市场中的直接行政性干预

由于寡头发电企业都是国有大型央企,政府在发电市场的竞争中扮演了一个不公正裁判员的角色,一方面实施价格管制,另一方面为了保证电力供应,对这些发电寡头企业实施财政补贴,这种做法实际上鼓励了发电寡头企业扩大产能、争夺更大市场份额的策略性行为。阿根廷电力产业市场化改革之前,其情况与中国目前的情况十分相似,国有的发电及输电部门投资效率低,运营情况差,投资大部分来自于财政拨款,而为了控制通货膨胀,相应的电费上涨却滞后于这部分投资,从而刺激了电力消费的进一步增长。扭曲的经济信号导致过多的电力资产投资,运行成本不断上升。其主管电力市场化改革的能源部长曾经说过,阿根廷几乎一半的火电厂都是多余的。

尽管该研究分析了竞争性市场下的容量博弈中在位寡头企业的市场行为,但是,中国的发电市场还存在着地方政府及其所属部门利用行政权力限制其他企业进入或排挤其他企业的情形,这也是该研究的理论模型与实证分析所未考虑到的。20世纪80年代,为了解决"独家办电"带来的严重电力短缺问题,中国政府开始实行多所有制办电,鼓励其他形式的企业进入,这项政策的实施大大促进了中国电力产业的发展。但是,由于行政垄断体制特别是区域间壁垒尚未完全打破,竞价上网的市场化机制并未形成,行政力量干预市场公平竞争的重大事件时有发生。世界各国的电力改革经验已经证明,仅仅放开进入规制,政企没有真正分开,也不可能引入真正的市场机制。以世行贷款兴建的二滩水电站为例,由于四川与重庆都拥有自己的地方火电厂,电量充足,导致二滩水电站受到地方利益集团的排斥,虽然发电成本极低,但建成后由于卖不出电不得不多次弃水。政府对发电市场竞争关系的行政干预必然会对潜在进入者将产生极其不利的负面影响,成为新企业进入的障碍。

四、实施非对称的规制政策

由自然垄断市场向竞争市场转型的行业,如过去是自然垄断的电信业放松进入规制,由于新进入者不可能平等地与已经确立垄断地位的在位者展开竞争,规制机构需要对这样的行业实施非对称规制,以确保在打破垄断到形成充分竞争的过渡时期,通过改变不对等的竞争格局,一方面管住在位企业的策略性行为,另一方面扶持小企业,最后实现不同市场主体的企业之间的公平竞争,使它们朝着正常运行的市场竞争秩序过渡。由于发电市场具有资本和技术密集的特点,潜在竞争者在与在位企业的博弈中处于弱势地位。而在位垄断企业相比新进入企业或者潜在进入者具有相当大的先行者优势(First movers' advantage),比如信息优势、成本优势和策略优势,利用这些优势,在位垄断企业可以先发制人地采用价格或非价格手段实施策略性行为,阻止潜在竞争者的进入或者排挤新的进入者。在这种情况下,仅仅依靠反垄断法的威慑力量还是不够的,还需要对在位企业和新进入企业实行待遇不同的非对称规制,即对具有先行者优势的在位企业实行比对新进入企业更严格的规制,而对新进入者实行相对在位企业更优惠的待遇。该研究的博弈结果也表明,发电市场在向竞争性市场过渡的过程中,如果不加以适当的非对称规制扶持新进入企业的发展,寡头垄断厂商极有可能把新的市场竞争主体扼杀在摇篮之中。

实际数据也支持这一结论:寡头垄断厂商的市场份额在逐年提高,而民营企业、外资企业等新的市场竞争者被压制,市场份额不断下降。没有迹象表明,发电市场的这种"强者更强"的趋势将会停止,如此下去,中国的发电市场将会是国有企业,尤其是大型央企的天下,竞争性的发电市场中出现共谋或其他滥用市场势力的行为的可能性将非常大。从建设竞争性发电市场的角度来看,政府为了培育新的市场竞争主体,可以采取同等条件下(如都是水电机组或等级别火电机组)民营企业优先上网的方式,鼓励中小发电企业的发展壮大。不过,在私有化之前,政府显然难以做出对自己拥有的企业不利的举动。从这一点来看,发电市场的私有化是十分必要的。

五、发电市场的私有化政策

电力产业市场化改革之前,发电作为电力企业的一个生产环节由政府投资、经营和管理。随着电力产业的纵向分解以及发电市场的形成和主体多元化,电力生产的私有化趋势十分明显。在已经完成和正在进行电力产业改革的几十个国家中,除挪威和新西兰等极少数国家没有同时进行电力工业的私有化改革以外,其他大多数国家几乎都对发电市场进行了私有化改革,英国甚至将自然垄断环节的电网公司也进行了私有化甚至国际化,如香港商人李嘉诚收购了英国电网公司,这也说明了电力产业,尤其是发电环节,并不是一些人所认为的关系到国家经济命脉的部门而受到反垄断法的豁免。中国发电企业基本上都是国有的,而这种资本构成是无效率的,正如叶泽(2004)所说,国有资本的高比例使电力企业表现出典型的国有企业病症,经营者缺乏动力和压力进行生产经营,充分利用信息优势把经营亏损的风险传递给作为所有者的国家。这种缺乏效率的状况显然应该成为电力市场化改革的一部分。事实上,中国电力产业的结构重组无非是把一家超大型国有企业分成了几个大规模的国有企业,区别只是企业间的利益调整或者作为同一所有者的国家管理企业数量的变化,并不能产生明晰产权的市场竞争主体①。竞争性的市场是

---

① 叶泽方:《当前我国电力工业市场化改革的难点及对策分析》,《中国工业经济》2001年第9期。

具有清晰产权的不同利益主体之间的竞争,包括私有化和自由化两个方面的内容,没有私有化而仅自由化,在国有垄断企业与新进入的私人企业之间的竞争中,失败并退出市场的将总是私人企业。中国发电市场内生性进入壁垒的产生,并非完全是市场经济的产物。"竞价上网"看似是一种公平的市场竞争,但电力市场的交易价格仍然受到严格的政府管制,发电厂商的发电量仍然实行计划经济时代的指标配给制度,这种情况显然更有利于政府所有的国有企业的扩张。

六、完善长期合约机制,减少新企业的进入风险

鼓励发电市场建立并完善长期的合约机制,不仅可以减少在位垄断企业的市场势力,而且可以减少新企业的进入风险。如果潜在进入者在进入之前就能和消费者签订长期合约,那么进入者就更能经得起在位垄断企业过度生产能力的冲击。上网电量是由政府决定的,服务成本定价阶段,发电企业在建立前就和政府签订长期合约,每年上网电量为多少,上网电价如何计算,在位垄断企业的过度生产能力对潜在进入企业不能起到阻止的作用。现如今,竞争性发电市场已经基本建立,服务成本电价也已经逐渐取消,发电企业与政府之间的长期购电合约被消除了,潜在进入者很容易被暴露在进入后市场价格降低的风险之下,在位垄断企业的过度生产能力就会影响到潜在进入者对未来的利润预期。

七、制定并颁布新的《电力法》

《电力法》历来是世界各国电力体制改革的立法依据。中国电力体制改革已经走过了十余个年头,依据的仍然是 1995 年 12 月 28 日颁布的《电力法》。《电力法》的滞后,使许多改革政策处于"违法"的尴尬境地,改革进程受到《电力法》的肘。例如,《电力法》第二十五条规定,一个供电营业区内只能设立一个供电营业机构,违反这条规定将被电力管理部门没收违法所得,并处以违法所得五倍以下的罚款;第三十五条规定,电价实行统一政策,统一定价原则,分级管理。这些法律条款与电力体制改革的目标背道而驰。2002 年以来,中国电力产业在输配售分开、竞价上网的改革进程中举步维艰,改革成效

十分不显著。输配售分开,实现售电竞争,要求打破地区垄断;竞价上网,实现优胜劣汰,要求发挥价格机制的作用。这些体制改革方案的实施在《电力法》中被明令禁止。1995 年的《电力法》是由国家电力公司的前身——电力工业部政策法规司负责制定的,由于当时电力工业还处于政企不分的时期,电力工业部既是"运动员"又是"裁判员",还担负着政策制定者的角色,使得《电力法》中存在着较为浓厚的行政垄断色彩。而这些行政垄断条款与 2007 年出台的反垄断法产生了明显的冲突。反垄断法第三十二条规定,行政机关和法律、法规授权的具有管理公共事务职能的组织不得滥用行政权力,限定或者变相限定单位或者个人经营、购买、使用其指定的经营者提供的商品①。此外,现行的《电力法》在执法主体、监管主体方面不明确,造成了执法空档,影响了法律的独特性、操作性和权威性,这些也都阻碍了电力体制改革的深化。十几年来,电力产业已经发生了天翻地覆的变化,新《电力法》迟迟不能出台,电力体制改革没有立法依据的支持,改革进程难免步入困境,甚至可能出现美国电力专家萨莉所描述的"改革陷阱",即越改革市场垄断势力越强大的局面。不幸的是,目前中国发电市场的发展趋势恰好符合这一特征。

近年来,中国的电力体制改革正处于由单一买方模式向批发竞争模式过渡的阶段。建立竞争性电力批发市场的前提是明确市场交易主体,对参与竞争的大用户与发电厂商的条件做出界定。2004 年,国家有关部门先后出台了《电力用户向发电企业直接购电试点暂行办法》与《国家发展改革委关于东北区域电力市场电价改革试点有关问题的通知》,对参与市场竞价的发电厂商的条件做了界定,但更重要的市场交易主体——大用户的条件却没有做出界定。按照发达国家电力体制改革的经验,对大用户的界定决定着电力批发市场的大小与竞争程度。在电网的建设与扩建方面,计划经济与政府行政干预的色彩依然浓厚。《电力用户向发电企业直接购电试点暂行办法》中规定,大用户向发电企业直接购电,一般通过现有输电线路实现。确需新建、扩建或改建线路的,应符合电网发展规划,由电网经营企业按投资管理权限报批、建设和运营。电网发展规划是由电网企业控制的,电网的需求则是电力买卖双方

①　陈国成:《〈反垄断法〉与供电多经企业》,《中国电力企业管理》2007 年第 24 期。

产生的,如此来,电网发展规划与电网的实际需求出现脱节是必然的,当两者发生矛盾时不是以电力交易双方的实际需求为依据,而是要符合电网企业的发展规划,"看不见的手"被"垄断之手"所代替,其结果必然是"廉价投票权"与"寻租行为"的出现,进而导致市场支配地位的滥用与腐败行为的产生。在电网建设方面,阿根廷的经验比较值得学习。阿根廷输电系统的扩建,需要经过发电公司、配电公司与大用户提议和投票表决,即公众评议机制。如果扩建提议得到超过 30% 的支持率并且低于 30% 的反对率,则提议将被通过并进行公开招标,扩建费用由所有的利益相关者共同承担。新建输电线路的建造与运营,一般采用三种方法,即利益主体与输电公司之间的合约法、小规模扩建和公众评议机制。合约法适合一些输电用户自己扩充输电容量以供自用,如发电公司与大用户。小规模扩建指小型的输电扩展投资,由于投资规模较小,经济性能不太重要。当一些发电公司、配电公司和大用户要求扩展输电网络时,如果涉及的输电投资比较大,此时一般会采用公众评议法。阿根廷的输电系统新建与扩建方法避免了电网发展规划与输电实际需求之间的不对称,减少了计划经济的盲目性。

电力体制改革的目标就是通过打破各方面的行政垄断与不合理的市场垄断,由竞争机制配置资源,达到提高经济效率、降低电力成本与价格、增强国民经济的整体竞争力之目的。其中,政府规制机构应当完善电力行业方面的相关法律法规,降低发电市场的进入壁垒、健全发电市场的竞争机制。在此过程中,不妨借鉴山之玉。

第七章 结论与展望

第一节 研究的主要结论

一、放松进入规制后政策性进入壁垒让位于内生性进入壁垒

中国的电力产业在放松规制之前,由于政策性进入壁垒的存在,在位企业无需维持过剩的装机容量即可达到阻止潜在竞争者进入之目的。然而,在发电市场放松进入规制以后,潜在竞争者的进入成本极大降低,在位垄断企业若不加以阻止,市场竞争将会加剧,必然会损害到它们的既得利益。为了维持其垄断地位和垄断利润,在位垄断企业有了保持过度的装机容量以阻止潜在竞争者进入的动机。过剩装机容量的博弈结果表明,为了阻止民营企业或外资企业的进入,电力市场中的在位垄断企业具有较强的过剩容量设置动机,并导致了生产中的规模不经济①。对中国发电市场的实证分析也证实了理论模型的结论。

二、发电市场上不同层面的规模型经济性有所不同

机组层面的规模经济最为明显,而企业层面的规模经济最为不明显。随着发电技术的进步,一些小型机组的发电成本也大大降低,发电效率可以与大型发电机组相媲美,这也极大地减弱了发电市场的规模经济性。规模经济在阻止新的企业进入发电市场的壁垒作用越来越小。

---

① 李世新、于左:《垄断产业放松进入规制后的博弈与效率分析——以中国发电市场为例》,《山西财经大学学报》2010 年第 6 期。

三、过剩的装机容量是寡头发电企业的策略性行为的结果

通过本的研究,可以得出这样一个结论:相对于众多的中小跟随者企业,领导者企业具有较强的动力去阻止潜在竞争者的进入。由于价格受到严格规制,在位垄断企业可能会利用非价格的策略性行为阻止潜在竞争者的进入,也就是说,过剩的装机容量是寡头发电企业策略性行为的结果。如果行业中不存在垄断企业,所有的企业都是规模相似的中小企业,那么很显然,由于中小企业的规模较小,阻止进入是一种具有正外部性的行为,阻止进入的成本大于阻止进入的收益,中小企业的最优决策就是等待,都不率先采取策略性阻止进入的行动,进而也就不存在利用过剩的装机容量阻止潜在竞争者进入的问题。

四、过剩的装机容量构成了发电市场的内生性进入壁垒

在该研究中,过剩的装机容量之所以被称为内生性的进入壁垒,而不是像其他文献中那样称为策略性的进入壁垒,原因在于发电市场过剩装机容量的形成,既有发电企业在竞争中采取策略性行为的因素,也有发电企业调整电源结构的因素。《可再生能源法》及其配套规章实施以来,以水电、风电为代表的可再生能源发展环境日趋改善,发电量全额收购得到切实推进,水电利用小时数逐年增加,其他新能源发电厂也不断参与到发电市场的供给中,这些发电机组无论发出多少电都会被收购,在一定程度上挤占了火电发电机组的原有市场,造成了火电发电机组的年实际利用小时数逐年下降,设备利用率低,大量的装机容量过剩[1]。无论是策略性的行为,还是电源结构调整的因素,都导致了过剩装机容量的产生,并阻止了新企业的进入,构成了发电市场的内生性进入壁垒。另外,在位垄断企业发起的大规模的"圈水"运动,在水电领域也构成了新的进入壁垒。由于水资源的稀缺性,一旦国有垄断发电企业垄断了适宜发电的江河湖泊,外部资本再想进入水电领域几乎就不太可能了。从这个角度来看,发电企业调整电源结构的策略,可以起到"一石三鸟"的作用:一是加剧了发电市场的容量过剩,阻止潜在竞争者的进入;二是利用先动优势占

---

[1] 吴疆:《发电设备利用小时数变化的影响因素及变化趋势分析》,《电力技术经济》2009年第5期。

据稀缺资源,取得绝对成本优势;三是在需求旺盛时,可以迅速增加产量,而不必等待若干年的建设周期。

五、减少发电市场内生性进入壁垒需要政府规制与反垄断法的协调作用

发电市场已经是一个竞争性的市场,虽然属于公用事业,却无关于国家经济命脉的问题,为了维持公平有效的竞争环境,反垄断法应该发挥其经济宪法的作用,不能对发电市场予以豁免。然而,由于反垄断法是高悬的剑,威慑大于实用,发电市场中的滥用市场势力排斥竞争的现象十分隐蔽,不易发现,仅仅依靠反垄断法是不能完全解决问题的,电力监管部门的监管与规制政策仍是必需的,是事前的,反垄断法的制裁往往是事后的。两者的相互结合可以更好地发挥维护发电市场竞争性的作用。

第二节　不足之处与有待研究的问题

一、不足之处

生产能力过剩是市场经济中常见的一种经济现象,其形成原因是十分复杂的。就我国发电市场而言,除了该研究的在位垄断企业策略性行为的因素以外,还有发电结构调整、经济周期性波动造成的短暂性的生产能力过剩、区域竞争重复建设导致的生产能力过剩、政府宏观经济调控政策等原因形成的生产能力过剩。尽管该研究从理论上说明了在位垄断企业会通过过剩的生产能力阻止潜在竞争者的进入的经济学原理,并且通过实证研究证明了过剩的生产能力阻止了潜在竞争者的进入,却没有比较在位垄断企业设置过剩的生产能力的损失与收益,不能说明在位企业先占行为的意图,从某种意义上来说,在位企业为了设置进入壁垒,可能偏离利润最大化行为。为了考察这种可能性,有必要获得大量的成本信息,而这是无法得到的。还有一个问题是,由于电力生产企业单位数只能得到 1999 年及之后的数据,在使用计量分析工具时,显得样本数量过于单薄,影响了该研究回归结果的可信度。可以预期,如果把更早年份的数据加入到时间序列中,得到的分析结果可以更好地说明变量间的数量关系。

二、有待研究的问题

（一）政府规制与反垄断法的分工与协调

发电市场是一个可竞争的市场,同时也具有其独特性的地方。在维护发电市场正常竞争秩序的方式上,反垄断法与政府规制需要有一定的分工和协调。具体来说,发电企业的哪些行为需要用政府政策来规制,哪些行为适用于反垄断法,还需要进一步的深入研究。

（二）实证研究有待进一步深化

该研究的实证部分只是研究了过剩的生产能力与新企业进入之间的关系,没有区分在位垄断企业的过剩生产能力和其他在位企业的过剩生产能力,也没有区分新增电力生产商中哪些是在位垄断企业新成立的、哪些是由于潜在竞争者的进入形成的,这在一定程度上影响了该研究的说服力。随着时间的推移和样本数量增加,可以深入研究在位垄断企业的过剩生产能力与潜在竞争者新进入企业单位数之间的关系。

（三）市场需求波动对投资决策的影响

发电企业在投资决策时,需要考虑的问题是多方面的,而该研究只侧重于市场现有生产能力或者说市场供给能力一个方面。事实上,市场需求波动对发电企业投资决策的影响可能更大,这也是需要深入研究的一个领域。

参考文献

[1]奥兹·夏伊:《产业组织理论与应用》,清华大学出版社 2005 年。

[2]保罗·杰罗斯基、理查德·J吉尔伯特、亚历克西斯·杰克明:《进入壁垒与策略性竞争》,北京大学出版社 2003 年。

[3]常春华:《中国发电行业的最优市场规模》,《湖北电力》2003 年第 4 期。

[4]常欣:《"三重破垄"论:中国基础部门反垄断问题分析》,《经济学动态》2002 年第 4 期。

[5]陈富良、徐涛:《电力行业规制政策的变迁及启示》,《财经问题研究》2009 年第 2 期。

[6]陈明森:《论进入壁垒与进入壁垒政策选择》,经济研究 1993 年第 1 期。

[7]陈明森:《论市场进入的政府管制》,《东南学术》2001 年第 2 期。

[8]陈明森:《政府市场进入行为与进入壁垒制度性失效》,《经济体制改革》2003 年第 6 期。

[9]陈义国、马志勇:《基于产品质量策略性行为的进入壁垒研究》,《经济评论》2010 年第 3 期。

[10]丹尼尔·F史普博:《管制与市场》,上海三联书店、上海人民出版社 1999 年。

[11]邓启惠:《浅谈市场进入壁垒及其效应分析》,《经济问题》1996 年第 2 期。

[12]丁乐群、汪洋:《基于古诺模型的电力市场中市场力分析》,《哈尔滨工业大学学报》2006 年第 9 期。

[13]丁永健、袁晓娜:《异质性视角的产业进入壁垒与流动壁垒——兼论我国产业管制的政策取向》,《经济问题探索》2009 年第 11 期。

[14]杜建耀:《基于战略性进入壁垒的企业应对策略研究》,《生产力研究》2006 年第 1 期。

[15]杜建耀:《行业的结构性进入壁垒和新厂商的应对策略研究》,《改革与战略》2005 年第 4 期。

[16]杜松怀:《电力市场》,中国电力出版社 2003 年。

[17]多纳德·海、德理克·莫瑞斯:《产业经济学与组织(上)》经济科学出版社 2001 年。

[18]多纳德·海、德理克·莫瑞斯:《产业经济学与组织(下)》,经济科学出版社 2001 年。

[19]冯永晟、马源、张昕竹:《配电网的规模经济:一个理论与实证分析框架》,《数量经济技术经济研究》2008 年第 11 期。

[20]付光新、秦宝洁:《从进入壁垒与退出壁垒看中国彩电行业》,《山东经济》2002 年第 2 期。

[21]干春晖:《企业策略性行为研究》,经济管理出版社 2005 年。

[22]郭磊:《中国电力产业厂商市场力量的防范研究》,复旦大学大学博士论文。

[23]郭立宏:《转轨时期国有产业退出壁垒研究》,陕西人民出版社 1999 年。

[24]郭励弘:《民间基础设施投资三大障碍》,《经济研究参考》2002 年第 5 期。

[25]国家信息中心:《2006—2009 年中国电力行业年度报告》,中国经济信息网,2006—2009 年。

[26]郭庆然、丁翠翠:《新中国产业结构的历史变迁:以制造业为例》,《河南科技学院学报》2013 年第 1 期。

[27]郭庆然:《中国工业化与城市化协调演进的量化测度》,《统计与决策》2014 年第 23 期。

[28]郭庆然:《中国制造业结构变动研究(1953—2011)》,人民出版社 2014 年。

[29]何孝星:《加快推进我国经营性公用事业民营化问题研究》,《经济学动态》2003 年第 10 期。

[30]胡鞍钢、过勇:《从垄断市场到竞争市场:深刻的社会变革》,《改革》2002 年第 1 期。

[31]胡向真、陈志华:《电力工业发展模式研究》,中国水利水电出版社 2005 年。

[32]吉伟卓、马军海:《寡头垄断电力市场重复博弈模型及其内在复杂性》,《系统管理学报》2007 年第 3 期。

[33]蒋殿春:《东道国市场进入壁垒对外直接投资的一种战略意义》,《南开经济研究》2000 年第 6 期。

[34]江小娟:《国有企业的能力过剩、退出及退出援助政策》,《经济研究》1995 年第 2 期。

[35]焦连伟、祁达才等:《从现代工业组织理论看电力市场》,《电力系统自动化》2001 年第 20 期。

[36]金栋:《民营银行市场准入问题研究》,《经济论坛》2004 年第 24 期。

[37]李刚、何怡刚:《区域电力市场中的寡头发电厂商博弈分析》,《华北电力大学学报》2007 年第 4 期。

[38]李虹:《电力市场设计:理论与中国的改革》,《经济研究》2004 年第 11 期。

[39]李怀:《基于规模经济和网络经济效益的自然垄断理论创新》,《管理世界》2004 年第 4 期。

[40]李靖华、郭耀煌:《占先优势:一个进入壁垒的系统分析》,《上海经济研究》2000 年第 11 期。

[41]李君:《基于动态化的市场进入壁垒模型探讨》,《重庆工商大学学报》2007 年第 2 期。

[42]李世新、彭昱:《中国电力消费量影响因素通径关系的实证研究》,《东北财经大

学学报》2009 年第 5 期。

　　[43]李世新、于左:《垄断产业放松进入规制后的博弈与效率分析——以中国发电市场为例》,《山西财经大学学报》2010 年第 6 期。

　　[44]李世新:《基于社会成本的自然垄断多重规制问题探索——以电力产业为例》,《工业技术经济》2009 年第 8 期。

　　[45]李世英:《市场进入壁垒、进入管制与中国产业的行政垄断》,《财经科学》2005 年第 2 期。

　　[46]李世英:《市场进入壁垒与产业的市场绩效研究——对中国制造业的实证研究》,《经济体制改革》2005 年第 4 期。

　　[47]李太勇:《网络效应与标准竞争战略分析(上)》,《外国经济与管理》2000 年第 8 期。

　　[48]李太勇:《网络效应与标准竞争战略分析(下)》,《外国经济与管理》2000 年第 9 期。

　　[49]李太勇:《网络效应与竞争策略》,《企业管理纵横》2000 年第 7 期。

　　[50]李眺:《论可竞争市场与放松规制——以美国民航业为例》,《外国经济与管理》2002 年第 9 期。

　　[51]林伯强:《电力短缺、短期措施与长期战略》,《经济研究》2004 年第 3 期。

　　[52]林伯强:《结构变化、效率改革与能源需求预测》,《经济研究》2003 年第 5 期。

　　[53]林伯强:《中国电力发展:提高电价和限电的经济影响》,《经济研究》2006 年第 5 期。

　　[54]林伯强:《中国电力工业发展:改革进程与配套改革》,《管理世界》2005 年第 8 期。

　　[55]林伯强:《中国能源问题与能源政策选择》,煤炭工业出版社 2007 年。

　　[56]刘建平:《中国电力产业政策与产业发展》,中国电力出版社 2006 年。

　　[57]刘戒骄:《垄断产业改革——基于网络视角的分析》,经济管理出版社 2005 年。

　　[58]刘世锦:《垄断行业改革攻坚》,中国水利水电出版社 2006 年。

　　[59]刘伟:《公用事业的相关市场界定》,《产业组织评论》2008 年第 2 期。

　　[60]刘霞:《我国铁路行业外部资本进入壁垒研究》,复旦大学博士论文。

　　[61]刘小兵:《政府管制的经济分析》,上海财经大学出版社 2004 年。

　　[62]楼旭明等:《基于 DEA 的中国电力改革绩效相对有效性评价》,《当代财经》2006 年第 4 期。

　　[63]罗蓉:《关于产能过剩的几点思考》,《北方经济》2006 年第 3 期。

　　[64]罗斯威尔、戈梅兹:《电力经济学——管制与放松管制》,中国电力出版社 2007 年。

　　[65]马建堂:《论进入壁垒》,《经济研究资料》1992 年第 11 期。

　　[66]孟昌:《规模经济不需要行政性进入壁垒的保护》,《经济理论与经济管理》2010 年第 5 期。

　　[67]潘卡基·格玛沃特:《产业竞争博弈》,人民邮电出版社 2002 年。

　　[68]乔治·J 施蒂格勒:《产业组织和政府管制》,上海三联书店 1989 年。

［69］萨莉·亨特:《电力市场竞争》,中信出版社 2004 年。

［70］盛文军:《转轨时期我国的产能过剩及政策选择》,《西南金融》2006 年第 10 期。

［71］史蒂芬·施朵夫:《电力系统经济——电力市场设计》,宋永华、刘俊勇、王秀丽译,中国电力出版社 2006 年。

［72］斯蒂芬·马丁:《高级产业经济学》,上海财经大学出版社 2003 年。

［73］宋守信:《电力市场机制》,中国电力出版社 2002 年。

［74］孙建国、李文溥:《电力行业管制改革与市场风险防范》,《经济学家》2004 年第 1 期。

［75］孙建国:《电力产业管制体制演变的国际比较研究》,厦门大学博士论文。

［76］孙巍、李何等:《垄断厂商的过剩生产能力可置信威胁行为分析》,《科学决策》2009 年第 3 期。

［77］泰勒尔:《产业组织理论》,中国人民大学出版社 1997 年。

［78］谭忠富等:《电力企业风险管理理论与方法》,中国电力出版社 2006 年。

［79］谭忠富等:《我国电力产业价格链设计理论及方法》,经济管理出版社 2008 年。

［80］汤吉军、高连婷:《规模经济与进入壁垒》,《辽宁大学学报》1999 年第 1 期。

［81］唐庆博等:《一级市场中电力产品的差别化及其带来的市场进入壁垒》,《电力建设》2004 年第 3 期。

［82］唐晓华:《产业组织与信息》,经济管理出版社 2005 年。

［83］陶锋等:《电力体制转型期发电行业的技术效率及其影响因素》,《中国工业经济》2008 年第 1 期。

［84］滕飞、胡兆光:《中国发电企业的规模经济分析》,《中国电力》2003 年第 4 期。

［85］汪贵浦:《改革提高了垄断行业的绩效吗?——对我国电信、电力、民航、铁路业的实证考察》,浙江大学出版社 2005 年。

［86］王建:《中国经济产能过剩的后果与应对措施》,《中国金融》2006 年第 2 期。

［87］王俊豪:《政府管制经济学导论》,商务印书馆,2001 年。

［88］王俊豪:《中国基础设施产业政府管理体制改革的若干思考——以英国政府管制体制改革为鉴》,《经济研究》1997 年第 10 期。

［89］王相林:《当前我国某些行业产能过剩产生的原因剖析》,《现代经济探讨》2006 年第 7 期。

［90］王学庆:《管制垄断——垄断性行业的政府管制》,中国水利水电出版社 2004 年。

［91］威廉·G 谢泼德、乔安娜·M 谢泼德:《产业组织经济学》中国人民大学出版社 2007 年。

［92］威廉姆·L·马赛:《市场化与管制——加州危机之后的美国电力改革》,亚太电协秘书处摘译整理,《中国电力企业管理》2002 年第 3 期。

［93］闻中、陈剑:《网络效应、市场结构和进入壁垒》,《系统工程理论与实践》2002 年第 2 期。

［94］沃尔夫:《全球输电扩展——通往成功之路》,中国电力出版社 2007 年。

［95］吴汉洪:《垄断经济学》,经济日报出版社 2008 年。

［96］夏大慰:《产业组织:竞争与规制》,上海财经大学出版社 2002 年。

[97]小贾尔斯·伯吉特:《管制和反垄断经济学》,上海财经大学出版社2003年。

[98]徐国兴:《市场进入壁垒理论》,中国经济出版社2007年。

[99]徐晋、廖刚、陈宏民:《多寡头古诺竞争与斯塔尔博格竞争的对比研究》,《系统工程理论与实践》2006年第2期。

[100]杨凤:《经济转轨与中国电力监管体制建构》,中国社会科学出版社2009年。

[101]杨惠馨:《企业的进入退出与产业组织政策——以汽车制造业和耐用消费品制造业为例》,上海三联书店,2000年。

[102]杨惠馨:《中国企业的进入与退出:1985—2000年汽车和电冰箱产业的案例研究》,《中国工业经济》2004年第3期。

[103]杨力俊、乞建勋:《电力生产寡头垄断市场势力的成因及对策》,《华北电力大学学报(社会科学版)》2005年第1期。

[104]杨明、周琦:《超生产容量阻止对手进入有效性的实物期权分析》,《系统工程理论与实践》2007年第10期。

[105]杨淑云、于良春:《中国电力产业效率和生产率变动的实证研究》,《财经论丛》2008年第3期。

[106]杨永忠:《自然垄断产业有效市场研究》,经济科学出版社2004年。

[107]叶泽:《电力竞争》,中国电力出版社2004年。

[108]叶泽:《电力市场中的市场势力及其治理》,《中国工业经济》2004年第7期。

[109]于立、刘劲松:《中国煤电关系的产业组织分析》,《中国工业经济》2007年第9期。

[110]于立、刘劲松:《中国煤电关系的架构取向》,《改革》2005年第2期。

[111]于立、王建林:《纵向价格双轨制:"电荒"的经济分析与出路》,《中国工业经济》2008年第10期。

[112]于立:《国有企业进入和退出产业的障碍分析》,《经济研究》1991年第8期。

[113]于立:《能源价格理论研究》,东北财经大学出版社1994年。

[114]于良春、杜琼:《中国电力均衡的市场机制与政府监管》,《财经问题研究》2005年第7期。

[115]于良春、牛帅:《中国电力行业行政性垄断的损失测算分析》,《经济与管理研究》2009年第1期。

[116]于良春、张伟:《强自然垄断定价理论与中国电价规制制度分析》,《经济研究》2003年第9期。

[117]俞艳春、沈可挺:《从加州电力危机看放松政府管制》,《中国社会科学院研究生院学报》2002年第12期。

[118]袁智强、侯志俭、蒋传文等:《电力市场古诺模型的均衡分析》,《电网技术》2003年第12期。

[119]曾鸣、孙昕、张启平:《电力市场交易与电价理论及其应用》,中国电力出版社2003年。

[120]曾鸣:《电力市场理论及应用》,中国电力出版社2000年。

[121]张纪康:《直接投资与结构性市场进入壁垒》,《国际贸易》1999年第7期。

［122］张立辉：《发电企业竞争力分析》，经济管理出版社 2007 年。

［123］张明善、唐小我：《多个生产商下的动态古诺模型分析》，《管理科学学报》2002 年第 5 期。

［124］张庆辉、赵继军：《多寡头动态电力市场的分析》，《青岛大学学报（工程技术版）》2008 年第 3 期。

［125］张维迎：《博弈论与信息经济学》，上海三联书店、上海人民出版社 1996 年。

［126］张晓春、张立辉：《中国电力产业重组中的市场势力问题研究》，《经济师》2004 年第 10 期。

［127］张宇燕：《国家放松管制的博弈》（载于张曙光主编《中国制度变迁的案例研究》），上海人民出版社 1996 年。

［128］赵国庆、任宇宁：《基于面板数据的中日电力行业规模收益比较分析》，《商业经济与管理》2009 年第 3 期。

［129］赵会茹、李春杰、李泓泽：《电力产业管制与竞争的经济学分析》，中国电力出版社 2007 年。

［130］赵健：《关于我国产能过剩问题的研究》，《经济经纬》2008 年第 4 期。

［131］赵西亮、吴栋：《产权改革重要吗？——国有企业产权改革的思考》，《经济经纬》2005 年第 5 期。

［132］郑燕等：《美国加州电力危机对我国电力市场化改革的启示》，《电力情报》2001 年第 3 期。

［133］郑振浩、王先甲、王建军：《发电市场寡头竞争综述》，《电力技术经济》2006 年第 4 期。

［134］周定山：《西方国家电力体制改革实践及经验教训》，中国水利水电出版社 2005 年。

［135］周琦：《以超生产能力竞争的策略与实物期权分析》，华中科技大学博士论文。

［136］周晓艳、吴毅强：《加州电力危机对我国当前电力改革的启发》，《电力建设》2002 年第 1 期。

［137］周枝田、夏洪胜：《长期性产能过剩问题原因探究》，《商业时代》2006 年第 10 期。

［138］Andrew F. Daughety, 1990, "Beneficial Concentration", The American Economic Review, Vol.80, No.5, Dec., pp.1231-1237.

［139］Bain J.S., 1956, "Barriers to New Competition", Harvard University Press.

［140］Bain, J.S., 1949, "A Note on Pricing Monopoly Oligopoly", American Economic Review, Vol.39, March, pp. 448-464.

［141］Baron D.R, 1973, "Limit pricing, potential Entry, and Barriers to Entry", The American Economic Review, Vol.63, pp. 666-674.

［142］Baumol, W., Panzar, J. and Willig, R., 1982, "Contestable Markets and the Theory of Industrial Structure", New York: Harcourt Brace Jovanovitch.

［143］Bernheim, B., 1984, "Strategic Deterrence of Sequential Entry into an Industry", RAND Journal of Economics, Vol.15, pp. 1-11.

[144] Borenstein, S. and Holland, S., "On the Efficiency of Competitive Electricity Markets with Time-Invariant Retail Prices", 2005, Vol.36, No.3, pp. 469-493.

[145] Borenstein, S., Bushnell, J. B.and Wolak, F. A., 2002, "Measuring Market Inefficiencies in California's Restructured Wholesale Electricity Market", The American Economic Review, Vol.92, No.5, Dec., pp. 1376-1405.

[146] Branston J. R., Lauretta Rubini, Roger Sugden, James R. Wilson, 2006, "The healthy development of economies: A strategic framework for competitiveness in the health industry", Review of Social Economy, Vol.64, No.3, pp. 301-329.

[147] Bulow, J., Geanakoplos, J. and Klemperer, P., 1985, "Holding Idle Capacity to Deter Entry", The Economic Journal, Vol95., Mar., pp. 178-182.

[148] Caves, R. E. and Porter, M. E., 1977, "From Entry Barriers to Mobility Barriers: Conjectural Decisions and Contrived Deterrence to New Competition", Quarterly Journal of Economics, Vol.91, May, pp. 243-261.

[149] Cody D. Walker and W. Timothy Lough, 1997, "A Critical Review of Deregulated Foreign Electric Utility Markets", Energy Policy, Vol.25, Aug., pp. 877-886.

[150] Conlin, M. and Kadiyali, V., 2006, "Entry-Deterring Capacity in the Texas Lodging Industry", Journal of Economics & Management Strategy, Vol.15, No.1, Spring, pp.167-185.

[151] Cowling, Keith, 1983, "Excess Capacity and the Degree of Collusion: Oligopoly Behaviour in the Slump", TheManchester School of Economic and Social Studies, Vol.51, No.2, pp. 341-359.

[152] Debondt, R., 1976, "Limit Pricing, Uncertain Entry and The Entry Lag", Econometrica, Vol.44, No.5, Sept., pp. 939-946.

[153] Demsetz, H., 1982, "Barriers to Entry", American Economic Review, Vol.72, pp. 47-57.

[154] Diana L. Moss, 2008, "Antitrust Regulatory Merger Review: The Case of Electricity", Rev Ind Organ, Vol.32, pp. 241-261.

[155] Dixit A., 1980, "The Role of Investment in Entry-Deterrence", The Economic Journal, Vol.90, No357, Mar., pp. 95-106.

[156] Duetsch, L. L., 1984, "Entry and Extent of Multiplant Operations", The Journal of Industrial Economics, Vol.32, June, pp. 477-487.

[157] Eaton, B. C. andLipsey, R. G., 1979, "The Theory of Market Preemption: The Persistence of Excess Capacity and Monopoly in Growing Spatial Markets", Economica, Vol.46, May, pp. 149-158.

[158] Eaton, B. C. andLipsey, R. G., 1980, "Exit Barriers are Entry Barriers: The Durability of Capital as a Barrier to Entry", Bell Journal of Economics, Vol. 11, Autumn, pp. 721-729.

[159] Ellison, G. and Ellison S., 2000, "Strategic Entry Deterrence and the Behavior of Pharmaceutical Incumbents Prior to Patent Expiration", MIT Working Paper.

[160] Fudenberg, D. and Tirole, J., 1983, "Capital as a Commitment: Strategic

Investment of Deter Mobility", Journal of Economic Theory, Vol.31, Dec., pp. 227-250.

[161] George J.Stigler, 1968, "The Organization of Industry", Chicago: The University of Chicago Press.

[162] Germawat, P., 1984, "Capacity Expansion in the Titanium Dioxide Industry", The Journal of Industrial Economics, Vol.33, Dec., pp. 145-163.

[163] Gilbert, R. and Lieberman, M., 1987, "Investment and Coordination in theOligopolistic Industries", Rand Journal of Economics, Vol.18, Spring, pp. 17-33.

[164] Gilbert, R. andNewbery D., 2008, "Analytical Screens for Electricity Mergers", Rev Ind Organ, Vol.32, pp. 217-239.

[165] Gilbert, R., 1989, "Mobility Barriers and the Value of Incumbency", In R. Schmalensee and R. Willig(eds.), Handbook of Industrial Organization, Amsterdam: Elsevier.

[166] Hall, Elizabeth A., 1990, "An Analysis of Preemptive Behavior in the Titanium Dioxide Industry", International Journal of Industrial Organization, Vol.3, No.3, pp. 469-484.

[167] Hanif D. Sherali, 1984, "A Multiple Leader Stackelberg Model Analysis", Operations Research, Vol.32, No.2, Mar.-Apr., pp. 390-404.

[168] Harrington, J. E., 1986, "Limit Pricing when the potential entrant is uncertain of its cost Function", Econometrica, Vol.54, No.2, March, pp. 429-437.

[169] Hay D. A., 1976, "Sequential Entry and Entry-Deterring Strategies in Spatial Competition", Oxford Econ. Paper, July, Vol.28, pp. 240-257.

[170] Hilke, John C., 1984, "Excess Capacity and Entry: Some Empirical Evidence", The Journal of Industrial Economics, Vol.33, No.2, pp. 233-240.

[171] Hunt, S. andShuttleworth G., 1996, "Competition and Choice in Electricity", John Wiley, NewYork.

[172] Irwin M.Steizer, "Changing Antitrust Standard", Remarks Before the Workshop on Antitrust Issues in Today's Economy, the Conference Board, New York, 5th March 1987, p.5.

[173] John T. Wenders, 1967, "Entry and Monopoly Pricing", The Journal of Political Economy, Vol.75, No. 5, Oct., pp. 755-760.

[174] Joskow, P. L. and Kahn, E., 2002, "A Quantitative Analysis of Pricing Behavior in California's Wholesale Electricity Market During Summer 2000", Energy Journal, Vol.23, pp. 1-35.

[175] Joskow, P. L. and Schmalensee, R., 1983, "Markets for Power: An Analysis of Electric Utility Deregulation", Cambridge: MIT press.

[176] Joskow, P. L. and Tirole J., 2000, "Transmission Rights and Market Power on Electric Power Networks", RAND Journal of Economics, Vol.31, No.3, pp. 450-487.

[177] Joskow, P. L., 1997, "Restructuring, Competition and Regulatory Reform in the U. S. Electricity Sector", Journal of Economic Perspectives, Vol.11, pp. 119-138.

[178] Joung, M., Baldick R.and Son Y. S., 2008, "The Competitive Effects of Ownership of Financial Transmission Rights in a Deregulated Electricity Industry", Vol. 29, No.2, pp. 165-184.

[179] Kirman, W.I. and Masson, R. T., 1986, "Capacity Signals and Entry Deterrence", International Journal of Industrial Economics, Vol.4, March, pp. 25–44.

[180] Lieberman, M. B., 1986, "Entry, Excess Capacity, and Market Structure in the Chemical Processing Industries", Working Paper830a, Stanford Graduate School of Business.

[181] Lieberman, M. B., 1987, "Excess Capacity as a Barrier to Entry: An Empirical Appraisal", The Journal of Industrial Economics, Vol.35, No.4, pp. 607–627.

[182] Lyons, B. R., 1986, "The Welfare Loss Due to Strategic Investment in Excess Capacity", International Journal of Industrial Organization, Vol.4, March., pp. 109–120.

[183] Maarten J.Arentsen and Rolf W. Künneke, 1996, "Economic Organization and Liberalization of the Electricity Industry: in Search of Conceptualization", Energy Policy, Vol.24, June, pp. 541–552.

[184] Marshall, W. J., Yawitz, J. B. and Greenberg E., 1981, "Optimal Regulation Under Uncertainty", The Journal of Finance, Vol.36, No.4, pp. 909–929.

[185] Martin S. C. and Parker D., 1997, "The impact of Privatization—Ownership and Corporate in theUK", London: Rontledge.

[186] Masson, Robert T. andShaanan Joseph, 1986, "Excess Capacity and Limit Pricing: An Empirical Test", Economica, Vol.53, No.3, pp. 365–378.

[187] Mathis S. andKoscianski J., 1995, "Entry Preemption through Capacity Expansion in the U.S. Titanium Industry", International Advances in Economic Research, Vol.1, No.4, pp. 431–444.

[188] McAfee, R. P., Mialon, H. and Williams, W., 2004, "What is a Barrier to Entry?", American Economic Review, Vol.94, pp. 461–465.

[189] Michaels, R. J., 2008, "Electricity Market Monitoring and the Economics of Regulation", Rev Ind Organ, Vol.32, pp. 197–216.

[190] Midttum A. and Thomas S., 1998, "Theoretical Ambiguity and the Weight of Historical Heritage: a Comparative Study of the British and Norwegian Electricity Liberalization", Energy Policy, Vol.26, No.3, pp. 179–197.

[191] Milgrom, P. and Roberts D. J., 1982, "Limit Pricing and Entry under Incomplete Information: An Equilibrium Analysis", Econometrica, Vol.50, No.2, Mar., pp. 443–459.

[192] Milgrom, P. and Roberts, D. J., 1982, "Predation, Reputation, and Entry Deterrence", Journal of Economic Theory, Vol.27, No.2, Aug., pp. 280–312.

[193] Newbery, D. M. and Pollitt M. G.., 1997, "The Restructuring and Privatization of Britain GEGB: Was it Worth it", Journal of Industrial Economics, Vol.45, No.6, pp. 269–303.

[194] Nils-Henrik Mørch von der Fehr and David Harbord, 1993, "Spot Market Competition in the UK Electricity Industry", The Economic Journal, Vol. 103, May, pp. 531–546.

[195] Orr, D., 1974, "The Determinants of Entry: A Study of the Canadian Manufacturing Industries", Review of Economics and Statistics, Vol.56, Feb., pp. 58–65.

[196] Radmilo V. Pesic, Diana Ürge-Vorsatz, 2001, "Restructuring of the Hungarian E-

lectricity Industry", Post-Communist Economies, Vol.13, No.1, pp. 85-99.

[197] Richard J. Green and David M. Newbery, 1992, "Competition in the British electricity spot market", Journal of Political Economy, Vol.100, No.5, pp. 929-953

[198] Salop S. C., 1979, "Strategic Entry Deterrence", The American Economic Review, Vol.69, No.2 May, pp. 335-338.

[199] Spence A. M., 1977, "Entry, Capacity, Investment andOligopolistic Pricing", Bell Journal of Economics, Vol.8, No.2, pp. 534-544.

[200] Spence A. M., 1979, "Investment Strategy and Growth in a New Market", TheBell Journal of Economics, Vol.10, Spring, pp. 1-19.

[201] Spulber, D. F., 1981, "Capacity, Output, and Sequential Entry", American Economic Review, Vol.71, June, pp. 503-514.

[202] Sylos-labini, P., 1962, "Oligopoly and Technical Progress", Cambridge: Harvard University Press.

[203] Tenenbaum B., Lock R. and Barker J., 1992, "Electricity Privatization Structural, Competitive and Regulatory Options", Energy Policy, Vol.20, Dec., pp. 1134-1160.

[204] Tirole J., 1989, "The Theory of Industrial Organization", The MIT Press.

[205] Viscusi, Vernon and Harrington, 2000, "Economics of Regulation and Antitrust(3rd edition)", Massachusetts: Massachusetts Institute of Technology.

[206] Waldman, M., 1988, "The Simple Case of Entry Deterrence Reconsidered", UCLA Working Paper, No.517.

[207] Ware, R., 1984, "Sunk Costs and Strategic Commitment: A Proposed Three-Stage Equilibrium", Economic Journal, Vol.94, pp. 370-378.

[208] Ware, R., 1985, "Inventory Holding as a Strategic Weapon to Deter Entry", Economica, Vol.52, Feb., pp. 93-101.

[209] Wigand, R. T., 2003, "Emerging Electronic Markets at e-Business Crossroads: Competitive and Regulatory Issues in the Electricity Industry", Vol.21, No.4, pp. 415-427.

[210] Wolak, F. A., 2003, "Diagnosing the California Electricity Crisis", Electricity Journal, Vol.16, pp. 11-37.

[211] Wolak, F. A., Measuring Unilateral Market Power in Wholesale Electricity Markets: The California Market 1998 to 2000", American Economic Review, Vol.93, pp. 425-430.

后　记

　　本书是在河南省高等学校青年骨干教师资助计划资助对象项目（2010GGJS—139）、河南省社会科学规划决策咨询项目（2014D006）、河南省教育厅人文社会科学应用对策研究"三重"专项课题（2014—DC—069）、河南省教育厅人文社会科学研究项目（2013—GH—288）的基础上完成的。同时，该书受助于河南省教育厅哲学社会科学创新型团队资助计划。为了使本书的体系更加完整、内容更加全面，中国浦东干部学院科研部主任、博士生导师何立胜教授不断给予指导与帮助。中南财经政法大学的苏少之教授、赵凌云教授、瞿商教授都对本书的修改提出了不少宝贵意见。河南师范大学的丁翠翠博士、东北财经大学的李世新博士撰写了部分章节，并校对了全书。河南科技学院职业技术教育与经济社会发展研究中心主任宋飞琼博士认真审阅了全书，并提出了许多很好的修改意见。书中各章节吸收了许多国内外专家和学者的观点，在此向这些文献的作者表示感谢。该书最终成稿出版，不仅得益于作者多年来积累的研究基础，更得益于各位领导和同仁的大力支持与创新努力。在此向各位老师、同学和为该专著出版付出努力的同志表示衷心的感谢。

　　本书选择了一个新的视角研究发电市场的进入壁垒，试图以此解释中国发电市场放松进入规制后仍然保持高利润率、低进入率的原因。该研究采用目前较为流行的规范分析与实证分析相结合的研究方法，以策略性行为为研究的切入点，运用博弈论方法构建了一个理论体系，分析了这一现象的形成机理，同时使用经济计量学的方法对内生性进入壁垒（过剩的装机容量）与潜在竞争者进入（新增加企业单位数）之间的关系进行了实证检验，结合内生性进入壁垒对发电市场的影响，最后提出了解决内生性进入壁垒问题的政策建议。由于作者的知识和能力有限，难免有不足之处，希望在今后的研究中逐步修改和完善,也期待更多的研究人员来深入研究这一课题。同时,也期待广大读者对本书提出批评意见。

河南科技学院职业技术教育与经济社会发展研究中心　郭庆然

2015 年 2 月